日本人の根源を問う

中国と自然災害の脅威を前に

ICHINO MICHIAKI
市野 道明

日本橋出版

はじめに

本書は私が22才の頃、「人間本来かくあるべし」と教えられた、あたらしい道の教え主「松木草垣女史」(注)から、やがて「行くに行けない、通るに通れない時代がくる。このままいくと、日本も世界も終わってしまう」と教えられたことを、現代に生きる多くの皆様にお知らせしなければ、との思いで書き下ろしました。

その時には仕事もできなく、生きていくことが辛く、死にたいと思う人が沢山でてくると教えられ、自分を守るのは、神や仏ではなく、身の内の「みたま」であると明かされました。

人は「みたま」によって生かされており、「みたま」が磨かれると、生きるための無限の力が湧き、人生がいい風になってくると教わったのです。

それまでは、人生は運と才能と努力により決まるものと思っていましたから、とても不思議に感じたものです。しかし、社会経験を積み重ね、松木草垣女史の教えをいただくうちに、人生をつかさどるのは運と才能と努力に加え、「みたま」の働きこそ大事であると確信したのです。

(注) 松木草垣女史については第8章で詳述する。

また、今のような日本では、やがて中国やロシアに潰されてしまうと教えられたことも、大きな驚きでした。先の戦争が終わり平和な世が訪れ、世界有数の経済大国に発展したわが国に、そんなことが起ころうはずはないと思っている時、諭すように、中国やロシアが日本をやっつけようと企んでいると教えて下さいました。当時の私にはとても信じられないことでした。

その後、中国やロシアの人たちが、日本の国を羨ましく思っていることを知りました。四方を海に囲まれ、豊富な山の幸と海の幸に恵まれ、豊かな四季に育まれたわが国に対して、彼らは理想郷に近い思いを抱いていたのです。フビライ・ハンは、マルコ・ポーロから黄金の島、ジパングを教えられ、日本に興味を持ったことも、元寇の動機のひとつであったといわれています。

日本は敗戦によって、連合国軍最高司令官総司令部（以下、ＧＨＱと称す）により占領されたのち、７年間にわたる占領統治を経て、昭和27年のサンフランシスコ講和条約によって独立を果たすことができました。この間、ＧＨＱによる占領統治は徹底を極め、「ウォー・ギルト・インフォメーション・プログラム（ＷＧＩＰ：War Guilt Information Program）」という戦犯裁判広報計画により、戦前の日本は悪で、無謀な戦争を仕掛けた敗戦国という自虐史観の思想を、日本人の心に深く植え付けてしまいました。

そのため、私たちはアメリカは正しく、アメリカに似ることが近代的で豊かな国民になると思い込んできました。それは日本の社会、文化、国民性に深い影響を与え、日本人全体がアメリカの思想にすっかり染まってしまったのです。戦後の日本はアメリカの助けを借りて経済的には豊かになったものの、その代わり、日本の伝統的精神文化は雲散霧消し、外国人が称賛したかつての日本ではないことを知りました。

戦後の教育により、祖国への誇りや自信を持つことを否定されてきた日本人は、無自覚のままに静かに崩壊していく、日本の現状に気がつかないでいるのです。国を思い、祖国を愛し、親を敬い、家族を慈しむ精神を、封建的で軍国主義の復活だと抗《あらが》う人が多い世の中では、品格ある凛とした国に戻ることができません。

松木草垣女史は日本人の本来性を「親は幾歳《いくつ》になっても子には親である。子は幾歳になっても親には子である。親子は因縁の連鎖である。それが日本の道である。この道を忘れて国が興ろうはずはない」と教え、国を大切に思い、親子の絆を尊ぶことが日本人として生きる根本の理と教えました。

ＧＨＱによって起草された憲法を、未だに後生大事に守る日本に、当のアメリカも呆れてしまっている現実を知らなければなりません。日本人は自分の国を守る意識も気概も持たずに、今の時代を迎えてしまいました。

その間に中国は虎視眈々と力をつけ、いまや超大国アメリカに次ぐ、第2の超大国と呼ばれるまでに、大きく成長してしまいました。これに対して、アメリカはかつてほどの力を失っており、中国に覇権を握られないように必死の状態にあることは周知の通りです。

アメリカと中国の覇権争いが激しさを増すなか、尖閣諸島奪取の脅威に晒されている日本は、このままでは、覇権争いの前面に立たされて、争わなければならなくなってしまいます。両国の争いが本格化した時、中国による日本潰しは現実となるのです。日本を守るためには、大義をもって世界の平和と安寧を実現すべく、世界に範を垂れる、本来の日本人に立ち還らなければなりません。


松木草垣女史はこれから起こる地球の異常現象も明らかにされました。地震、津波、大雨、そして海の水位が上昇し、このまま行くと海に潜ってしまうことなど、教えていただいたことが一気に迫ってきています。

大正時代に起きた関東大震災を知らない世代でも、阪神淡路大震災と東日本大震災を経験した私たちは、やがて近い時期に襲ってくる首都直下地震や南海トラフ地震に対して、日本を壊滅させるほどの未曽有の危機が迫っているのを肌で感じるようになりました。

そうした中、２０１９年の暮れ、中国武漢に端を発した新型コロナウイルスは、瞬く間に世界に蔓延し、未だに衰えることなく、人類を恐怖に陥れています。日本においても医療崩壊寸前の危機的状況にあり、経済も戦後最大の危機に直面しています。

これから起こるさまざまな脅威が、日本ばかりでなく、人類の存続に大きく影響を及ぼすものであることを記しておきます。いまや、日本に迫る危機はただ事ではありません。そのことを一人でも多くの方々に知っていただきたく、本書をお読みくださいますようお願い申し上げます。

市野道明

目次

第1章

国が危ない「中国の脅威」

日本の危機

中国と巨大地震

有史以来、わが国は多くの国難に遭遇してきました。外敵の侵略に初めてさらされた蒙古襲来、黒船を契機にした明治維新、そして第二次世界大戦の敗戦は、大きな国難でありました。日清戦争や日露戦争も国の存亡をかけた大きな戦いでした。これらの国難に対して私たちの先達は、傑出した偉人のもとに、国民が心をひとつにして、その都度、国を守り抜いてきました。しかし、戦後76年を迎えたいま、再び、日本を揺るがす大きな国難が迫っています。

南シナ海、東シナ海における中国の覇権行為は、日本の安全を脅かす重大な脅威になっています。核心的利益と称して、尖閣諸島奪取の動きを強め、牙を研ぎ、今にも襲い掛かろうとする侵略行為は、まさに鎌倉時代の蒙古襲来を彷彿させます。

中国は台湾の支配を実現するため、武力行使も辞さない姿勢を鮮明にしており、いつ、台湾海峡で軍事的有事が勃発してもおかしくない状況にあります。これは台湾の問題にとどまらず、日本の安全保障にとって由々しき問題です。

２０２1年3月9日の米議会上院軍事委員会の公聴会において、米インド太平洋軍司令官の発言はそれを顕著に物語るものです。「中国は米国に代わって世界のリーダーになる野心をますます強めている。それは２０５０年までに」と発言し、続けて「中国の台湾侵攻は多数の人が考えているよりも非常に間近に迫っており、６年から10年以内に勃発する恐れが高い」と証言したのでした。２０２７年は中国人民解放軍の建軍１００周年で、習近平国家主席の第４期を目指す節目の年にあたります。

同年3月18日、19日に米アラスカで行われたジョー・バイデン政権になって初の「２＋２米中高官協議」で米中が激しい火花を散らしました。

アメリカが人権問題に関して中国側を非難したことに対して、中国は「米国の人権問題は根が深く黒人に対する殺戮は昔からある。あなた達は強者の立場で我々と話す資格はない。我々が西洋人から受けた苦しみはまだ足りないというのか。我々が外国から押さえつけられた時間はまだ短いというのか」と強い口調で反論したのでした。

アメリカと中国の覇権争いは世界を分断し、二超大国のかじ取り次第では、米中戦争を意識するほどの重大な局面に発展しかねません。それは冷戦の域を超えた武力衝突が、台湾海峡や東シナ海でのいざこざを契機に勃発し、インド太平洋まで拡大する世界戦争に近いものになるかもしれません。

このような世界状況のなか、近い将来、首都直下地震と南海トラフの巨大地震が日本を襲うのは確実なことです。このふたつの地震は未曽有の災害を日本にもたらすことになるでしょう。戦争は人の知恵で避けることができても、地震は待ってはくれません。天災は必ずやってくるのです。

「中国と巨大地震」は、日本の存亡を左右する最大の危機になるのは間違いありません。この国難を乗り越えることができなければ、日本は衰亡の道をたどることになります。しかし、日本の現状を俯瞰《ふかん》すると、まるで危機感のない、ダチョウの平和と揶揄《やゆ》される、薄っぺらな幸福感に酔いしれた、のどかな国民であると感じるのは私だけではありません。

新型コロナウイルスの脅威

そんな中、突如として、新型コロナウイルスが2020年初頭から世界に蔓延し、1年半を経過した今でも感染拡大が続いています。皮肉なことに、世界的パンデミックを引き起こしたといわれる中国では、新型コロナウイルスの感染をすでに抑え込んだと聞きます。

新型コロナウイルスの感染者は2021年7月10日現在、世界で延べ約1億8601万人、死亡約401万7千人、アメリカは感染者約3383万7千人、死亡約60万6千人を超え、世界最大の感染国となっています。日本の感染者は同日の時点で延べ81万6242人、死亡1万4933人に達し、日本でも医療崩壊寸前というかつてない困苦の状況に瀕しています。

日本政府は昨年から、戦後初の緊急事態宣言を発令して鎮静化に努力していますが、第2波、第3波と感染は衰えることなく、再三にわたり、緊急事態宣言の発令と延長が繰り返されています。この間、蔓延防止等重点措置法のもとで、コロナ禍の収束に向けた懸命な努力を重ねているものの、依然として感染拡大に歯止めがかかりません。7月12日現在までに発令された緊急事態宣言（注）は次の通りです。

（注）第1回：2020年4月7日から5月6日
東京、神奈川、千葉、埼玉、大坂、兵庫、福岡。その後、4月16日より全国を対象。
第2回：2021年1月8日から2月7日
東京、神奈川、千葉、埼玉。1月14日から大阪、京都、兵庫、愛知、岐阜、福岡、栃木を追加。その後、栃木を除いて1カ月間の延長が行われたが、首都3県（東京、神奈川、千葉、埼玉）以外は2月末で解除され、首都3県は3月21日まで延長。

第3回：2021年4月25日から5月11日
東京、大阪、京都、兵庫。5月12日から愛知、福岡を加えて、5月31日まで延長。5月16日から北海道、広島、岡山、5月23日から沖縄追加。これらの10都道府県は6月20日まで延長。その後、沖縄のみ7月11日まで延長。
第4回：2021年7月12日から8月22日　東京、沖縄。

第4回緊急事態宣言の発令を受け、7月23日から8月8日の予定で開催される東京オリンピックは、緊急事態宣言下のもと無観客で行われる異例の大会になることが決定しました。コロナ禍という世界恐慌の中で迎える東京オリンピックが無事に開催できることを願わずにはおられません。コロナ禍が日本経済に与える影響は非常に深刻で、中小企業やサービス業を生業とする観光業や外食産業の倒産が増えています。不要不急の外出自粛によって影響を受けた人々の不平、不満が炙り出され、やり場のないストレスが社会全体を覆っています。

日本政府はコロナ対策の緊急支援を含め、2020年度に112兆円規模の過去最大の赤字国債を発行したものの、戦後最大の経済危機が懸念されています。これに伴い自殺者も急速に増えています。オリンピックを終えた後のコロナ禍の状況については、全く予断を許さない状況にありますが、コロナ禍が収まった後には、もっと大きな国難が控えていることを忘れてはなりません。

中国の野望

中国の野望

２０１２年11月、中国共産党中央委員会総書記に就任した習近平氏は、自らの政権の目的を「中華民族の偉大な復興という中国の夢を実現する」と高らかに宣言しました。その夢とは、一言でいえば、１８４０年以前の状態に中国を戻すことを意味するものです。

１８４０年は清国でアヘン戦争が起きてイギリスに敗れ、清帝国の没落が始まった年です。その後１８９４年に起きた日清戦争に敗れて国が混乱し、清国は世界列強の半植民地状態に置かれました。この状態は、毛沢東ひきいる中国共産党が、アメリカと共に第二次世界大戦の戦勝国となるまで続き、１９４９年の中華人民共和国の建国を以て、屈辱の１００年が終焉しました。

１８４０年以前の状態とは、清国が広大な版図を支配していた時代を指し、内モンゴル、チベット、新疆を中国に同化させ、かつて朝貢国であった国々を中国の影響下に置くことを意味しています。そのうえで、2049年の中華人民共和国建国100年までに、世界一の覇権国家になる。そのことを「中華民族の偉大なる復興」を実現する、と言っているのです。

2013年、習近平氏は国家主席に就任し、陸と海に跨る巨大プロジェクト「一帯一路」を立ち上げました。それは、ユーラシア大陸を東から西へ結ぶ陸のシルクロードと、海の海上シルクロードを構築する構想で、その圏域は、1280年頃のモンゴル帝国が支配した領土と重なるものです。

そこには、地球の陸地の約4分の1を占めた世界最大のモンゴル帝国と、世界の海洋を自由に往来した明帝国の再現を目指す、中国の野望が透けて見えます。

中国の本気度

国際司法裁判所が違法とした南シナ海の人工島を、紙くず同然の判決と豪語した中国の態度に、世界は肝をつぶしました。人工島はすでに完成し、南シナ海はもとより、東シナ海にも睨《にら》みを効かす堅固な軍事要塞と化しています。この人工島を含めて、第一列島線と称せられる中国の防衛ラインは「海の万里の長城」さながらの意味を持つものです。

近い時期に、中国はアメリカを凌駕する経済力を有し、軍事力もアメリカに匹敵する力を持つのは確実です。その力を背景に地中海よりも広い南シナ海を完全支配し、さらには、東シナ海を制覇する行動に出るのは必至で、このままでは、台湾や尖閣諸島をめぐる有事は避けることができないものになるでしょう。

それは、これまでに中国が行ってきた、数々の国境戦争を見れば明らかなことです。近年においても、南シナ海を舞台にした1974年の西沙諸島の戦い、1979年の中越戦争、1988年の南沙諸島海戦で、多くの犠牲者を出したうえ、領土、領海の拡大を実現してきました。

これからの中国の動きは、台湾や尖閣諸島の問題にとどまらず、同盟国のアメリカ、そして豪州、インドを加えた、インド太平洋を跨ぐ世界的な紛争を起こす要因になろうとしています。

中国をはじめとする隣国の脅威

中国は自らの夢の実現のために、凄まじい勢いで海に、空に、宇宙にと軍拡路線をひた走り、軍事費は膨張の一途をたどっています。なかでも宇宙空間は、すべての国が自由に利用できることから、軍による宇宙利用が積極的に進められています。

宇宙兵器として「キラー衛星」なる衛星攻撃用軍事兵器があります。これは他国の人工衛星に接近して自爆し、その破片で標的とした衛星を破壊させるものですが、中国やロシアは、より高性能で、スペースデブリ（宇宙ゴミ）の少ない対衛星兵器（ＡＳＡＴ）を開発中とみられています。ＡＳＡＴとは攻撃対象の衛星に「キラー衛星」を接近させ、アームで捕獲して相手の衛星機能を奪うものです。

宇宙には気象衛星をはじめ、軍用兵器としての早期警戒衛星、通信衛星、測位衛星、偵察衛星など数多くの衛星が打ち上げられています。かつて「夢とロマン」で語られた宇宙は、軍事大国が安全保障をかけてしのぎを削る空間へと変わってしまい、戦場と化しています。

中国がロシアと同盟を結びアメリカと対抗したら、アジアにおける軍事バランスは、圧倒的に中国側に利があるものとなります。英国、フランス、ドイツの国々が味方してくれても、決して侮れるものではありません。北朝鮮も中国、ロシアと共にアメリカや日本に対抗することでしょう。

北朝鮮の敵対的行為は収まるどころか、ますますエスカレートしており、核搭載型長距離弾道弾（ＩＣＢＭ）の開発や、生物化学兵器の開発は、関係諸国にとって大きな脅威となっています。事もあろうに、２０１９年10月2日、潜水艦発射弾道ミサイル（ＳＬＢＭ）の発射実験において、日本の排他的経済水域（ＥＥＺ）内に弾道ミサイルを打込み、その実力を見せつけたのでした。このミサイルは通常の角度で発射すれば、射程距離は数千キロに伸び、アメリカの一部が射程に入る可能性が指摘されています。しかも、潜水艦から発射すれば攻撃を把握されることなく、奇襲攻撃も可能となるのです。

中国、ロシア、北朝鮮の国々は、日本に匕首《あいくち》を突きつけて、いつでも攻撃できる体制を取っていることを肝に銘じておかなければなりません。

韓国は相変わらず抗日を切り札として、慰安婦、徴用工、竹島に対する嘘八百を言い続ける行為は、日本を貶める行為そのものです。日本人は償っても償いきれない罪を背負っていると、世界に発信するこの国に対して、一体、どのように対処すればいいのでしょうか。ある政治家は、今は辛抱強い無視の構えで行くより方法がないといい、まさに拱手傍観《きょうしゅぼうかん》の状況にあるのです。

日本はキーパーソン

日本は東西の要

自国の領土と国民を自力で守れない国は、滅亡の道を転げ落ちて行く。これは世界の歴史を見れば自明のことです。尖閣諸島の防衛は日米安全保障条約の範囲内と、アメリカに宣言してもらい胸を撫でおろす日本は、まさにそのような国になってしまいました。専守防衛と称して、他国のミサイル攻撃にイージス・アショアを配備しても、ミサイルが連続で発射されれば、日本の国はひとたまりもありません。そのことをわかっているのに、野党の抵抗により、国会ではまともな議論が行われておりません。マスコミの姿勢もこの問題を大きくしています。

アメリカのドナルド・ジョン・トランプ大統領（当時）は、2019年6月の大阪G20首脳会議を前に、記者会見で日米安全保障条約に基づく安保協力について、次のように語り、日本政府関係者を驚愕させました。

「もし、日本が攻撃されれば、米国は第三次世界大戦を戦う。米国は私たちの命と財産をかけて日本人を助けるために戦闘に参加する。米国はいかなる代償を払っても戦う。しかし、もし米国が攻撃されても日本は我々を助ける必要は全くない。日本人は米国への攻撃をソニー製のテレビでそれを視ていられる」と言い、日米安全保障条約に真っ向から不満をぶつけたのでした。これが、アメリカの偽らざる本音です。

日本の国が自らの決断により、日本の国は自分で守る覚悟と決意を示し、国民が一枚岩となり日本を守る宣言をした時、日本は再び、世界に冠たる国として輝きを放つ国になれるのです。そのような日本になってこそ、日米安全保障条約は世界屈強の条約として、豪州とインド、欧州列強の協力を得て、中国、ロシア、北朝鮮に対する強力な防衛力となり、日米双方の最大の切り札となるのです。

中国の暴走を食い止めるキーパーソンは、アジアの大国日本をおいて他になく、東西の扇の要としての役割を演ずることができる唯一の国なのです。日本がそのような国として世界に認められた時、中国は尖閣に手出しするどころか、畏敬の念をもって日本に接するようになるのです。同じことがロシアに対してもいえるのです。

国民の心がひとつになる

国民の心がひとつになってこの国難に立ち向かわなければ、日本は潰されてしまいます。他国の侵略に対して、専守防衛を金科玉条のごとく、尊いものとして教え込まれた私たちに、果たしてこの国を守るだけの自覚と覚悟が持てるでしょうか、心配です。

戦後の教育は、日本の国の「歴史」と「信仰」と「人の道」を教えることが疎かにされてきました。そのため、戦後生まれの私たちは、「国を守る」ことの概念がはなはだ乏しく、基本的人権と称して、個人の自由と平等のみを主張する利己主義の人間が多くなってしまいました。

「一旦緩急あれば、義勇公に奉ず」という、国家の非常事態発生の時には、真心を捧げて国の平和と安全に奉仕する、本来の日本人の「こころ（精神）」を取り戻さない限り、国難を克服することができません。その覚悟が今の日本人に求められているのです。

第2章

国が危ない「巨大災害」

近づく巨大災害

巨大災害

今後20年から30年以内に70％から80％の確率で発生するとされる首都直下地震と南海トラフ地震、それに加えて、首都水没という巨大水害がひっ迫している事実を知らなければなりません。この3つの災害を含めて河田恵昭氏（京都大学名誉教授・中央防災会議委員）は「明治以降の巨大災害と戦争に関わる11傑」と題する年表を、表－1のように示し、近い将来に巨大災害が襲来し、それによる被害がいかに甚大になるかを教えています。

首都直下地震と南海トラフ地震の被害予想は、東日本大震災をもとに予測されており、首都直下地震についてはマグニチュード7クラス、南海トラフ地震については、マグニチュード9（以下、Mと記す）の巨大地震を想定しています。また、首都水没は、台風、豪雨、地震が複合して、高潮、洪水、津波が首都圏を襲った場合の被害予想です。

これによる死者、行方不明者の内訳は、南海トラフ地震32万３０００人、首都水没

15万9000人、首都直下地震2万3000人で、合計は最大約50万人規模に達するという、とてつもない巨大災害が日本を襲うことが予想されているのです。

首都直下地震と首都圏水没が複合災害として起これば、間違いなく首都は壊滅し、そのうえ、南海トラフ地震が加われば、わが国は衰亡してしまうでしょう。それは決して空想の話ではなく、過去にそのような災害に見舞われた事実を知らなければなりません。

表－2に示す災害は、江戸時代と平安時代に起きた大規模な複合災害で、江戸時代は幕末の混沌としていた安政の時代と、江戸中期の泰平の世の元禄時代に起きています。以下、表に示した順に概説すると次のような災害でした。

安政の巨大災害は、南海トラフ地震（安政東海地震、安政南海地震）が起きた翌年に首都直下地震（安政江戸地震）が起き、続いて、大型台風による高潮災害が江戸の町を襲い、合せて11万人以上の犠牲者が出たとされる災害です。南海トラフ地震が起きたのは黒船が来航した翌年のことで、攘夷か開国かで揺れる大混乱の時代でした。

元禄の巨大災害は、首都直下地震（元禄地震）が起きた4年後に、南海トラフ地震（宝永地震）が起きました。そのうえ、宝永地震の49日後に富士山の宝永噴火が起き、甚大な被害をもたらしています。元禄地震は、赤穂浪士の討ち入りの年に起きた災害です。

表-1　明治以降の巨大災害と戦争に関わる11傑

順位	発生年	名称	死者・行方不明（人）
1	1941-1945	太平洋戦争	310万
2	20XX	南海トラフ地震（東海・東南海・南海）	32万3,000（想定）
3	20YY	首都水没（高潮・洪水・津波）	15万9,000（想定）
4	1904-1905	日露戦争	11万5,621
5	1923	関東大震災	10万5,385
6	20ZZ	首都直下地震	2万3,000（想定）
7	2011	東日本大震災	2万1,972
8	1896	明治三陸沖地震	2万1,959
9	1894-1895	日清戦争	1万3,311
10	1891	濃尾地震	7,273
11	1995	阪神淡路大震災	6,434

資料：河田恵昭京都大学名誉教授、中央防災会議委員
日本学術会議公開シンポジウム／第9回防災学術連携
シンポジウム「低頻度巨大災害を考える」より

表 -2　過去の巨大複合災害

発生年	名称	死者・行方不明（人）
1854	安政東海地震、安政南海地震（東海、西日本）	6,000
1855	安政江戸地震（関東）	7,444
1856	安政江戸台風、高潮（近世史略より）	10 万
1850 年頃の人口　2,900 万人		
1703	元禄地震（関東）	10,000
1707	宝永地震（東海、西日本）	20,000
1707	富士山宝永噴火（東海、関東）	不明
1707 年頃の人口　2,600 万人		
864 ～ 866	富士山貞観噴火（東海、関東）	不明
869	貞観地震（東日本）	1,000
878	元慶地震（関東）	死者多数
887	仁和地震（西日本）	死者多数
850 年頃の人口 650 万人		

資料：理科年表（国立天文台編）他文献より

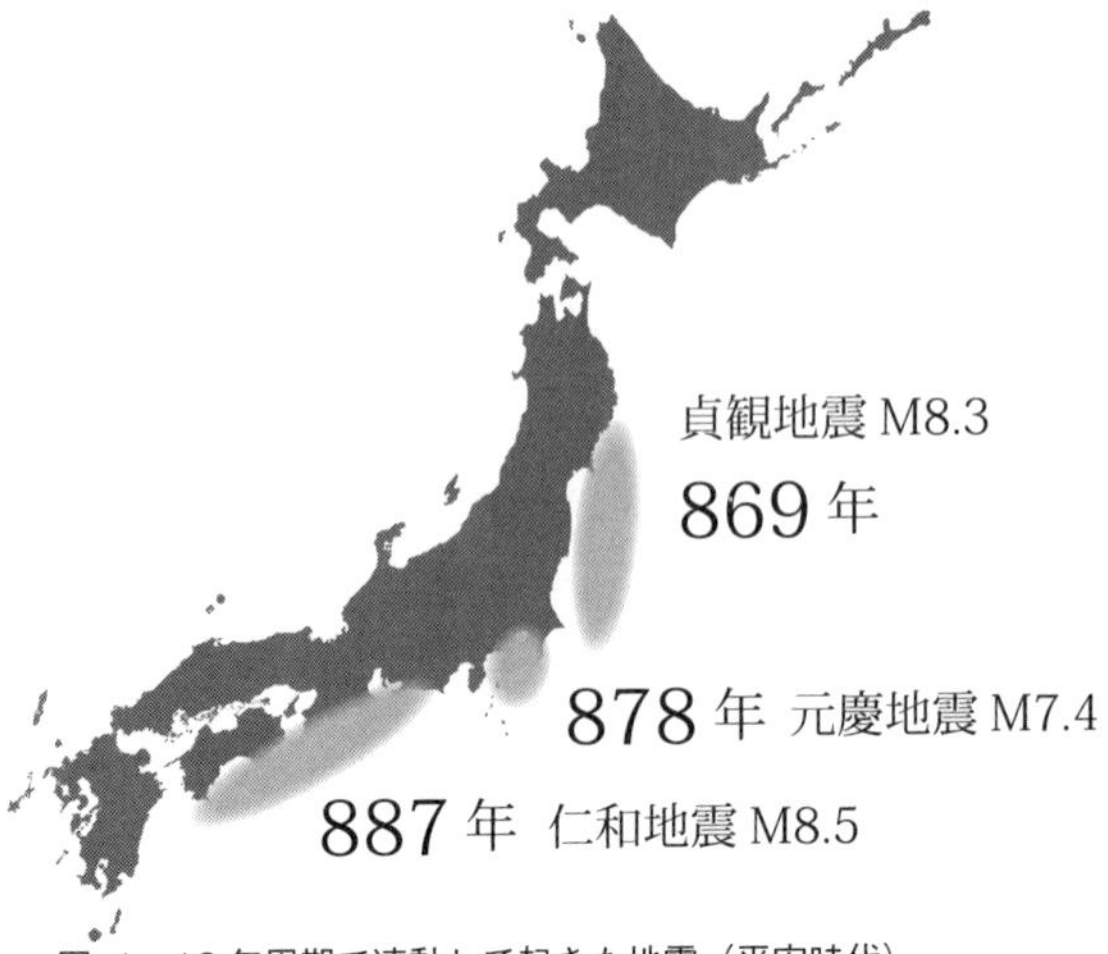

図-1　10 年周期で連動して起きた地震（平安時代）

平安時代の巨大災害は、富士山の貞観噴火の後、東北から関東、西日本にかけての三連動地震が起きた災害です。貞観噴火は青木ヶ原の樹海が形成された大噴火として知られ、史上最大規模であったとされる噴火です。

図－1は貞観噴火の後に起きた、貞観地震（869年）、元慶地震（878年）、仁和地震（887年）の三連動地震を示すもので、約10年の周期で、三陸沖から相模トラフ、駿河トラフ、南海トラフへ移動する様子が見て取れます。東日本大震災は貞観地震の再来といわれており、すでに10年が経過していることから、これらの巨大地震が心配されているのです。

このような過去の災害を知るにつけ、寺田寅彦博士が教えた防災格言（注）は、現代に生きる私たちにとって、重く受け止めなければならない重要な教訓といえるのです。

（注）寺田寅彦博士の防災格言

◇天災は忘れた頃にやってくる。

◇国家を脅かす敵として、天災ほど恐ろしい敵はない。

◇科学の法則とは自然の記憶の覚書。自然ほど伝統に忠実なものはない。

◇戦争はしたくなければ済むかもしれないが、地震は待ってくれといっても待ってはくれない。

◇大正12年のような地震が、いつかは、恐らく数十年の後には、再び東京を見舞うだろう。

◇地震の研究に関係している人間の目から見ると、日本の国土全体はひとつの吊り橋のうえに乗っているようなもので、吊り橋の鋼索が明日にも断たれるかもしれないという、かなりの可能性を控えている。

首都直下地震

首都直下地震は関東大震災を起こした相模トラフによる海溝型地震と、その内側の東京湾北部で起きる内陸型地震とがあり、この二つの地震を一括りにして首都直下地震といいます。

表－3は、「死者あり」とされる首都直下地震を時系列に示したもので、古い時代の地震として、818年の弘仁地震と878年の元慶地震があり、多数の死者が出たと記録されています。その後の、正嘉鎌倉地震までの379年間については、地震の記録はあるものの、人的被害に関しては不明なことから、ここには記載しておりません。『吾妻鏡』の歴史書で「由比浦の大鳥居内の拝殿、潮に引かれ流失す。着岸せる船十余艘破損す」と伝えられている1241年の仁治鎌倉地震も、死者については明らかになっていません。

その16年後に起きた1257年の正嘉鎌倉地震と、1293年の鎌倉大地震は大きな地震でした。なかでも鎌倉大地震は2万3000人の死者が記録されており、この地震により、鎌倉一の名跡建長寺が倒壊炎上し、多くの寺院や民家が壊滅的打撃を受け、大津波と山腹崩壊に襲われたとされています。

室町時代の1495年に明応鎌倉地震が起きました。この地震については『鎌倉大日記』の年代記で、「地震による大きな津波により、鎌倉由比浜の海水が千度壇に至った。その時の水の勢いが大仏殿の堂舎屋を破り、溺死人は200人余りを数えた」と記録されています。

そして3年後の1498年には、南海トラフによる明応地震が東海から東南海、南海を襲い、死者4万1000人を出したとされています。（表－4、表－5参照）

その後の関東大震災までの記録をみると、大きな地震として、1633年の寛永小田原地震で死者150人、1649年の慶安江戸地震で死者50人、1703年の元禄地震で死者1万人、1855年の安政江戸地震で死者7444人があります。1923年（大正12年）の関東大震災では、死者10万5385人という史上最大の大惨事に見舞われました。

首都直下地震は、1257年の正嘉鎌倉地震から大正の1923年関東大震災までの666年間で、平均約70年の周期で大きい地震が起きています。すでに関東大震災から今日まで98年を経過していることから、いつ首都直下地震が起きてもおかしくない時期を迎えているのです。

表 -3　首都直下地震（死者あり）

年代（年）	間隔	発生年	地震名	マグネチュードM	死者・行方不明（人）
800		818	弘仁地震	7.5	死者多数
	60				
		878	元慶地震	7.4	死者多数
900					
1000					
	379				
1100					
1200					
	36	1257	正嘉鎌倉地震	7.5	死者多数
		1293	鎌倉大地震	8.0	23,000
1300					
	140				
1400		1433	永享相模地震	7.0	死者多数
	62				
		1495	明応鎌倉地震	8.0	200
1500	78				
		1573	天正小田原地震	7.0	死者有り

1600	60	1615/1633	元和江戸地震／寛永小田原地震	6.3/7.0	死者有り／150
	16 54	1647/1648/1649	正保相模地震／慶安相模地震／慶安江戸地震	6.5/6.0/7.0	死者有り／死者有り／50
1700		1703	元禄地震	8.1	10,000
	79				
		1782	天明小田原地震	7.0	死者有り
1800	73	1812	文化神奈川地震	6.4	死者有り
		1853/1855	嘉永小田原地震／安政江戸地震	6.7/7.0	24/7,444
	68	1894/1895	明治東京地震／茨木東部地震	7.0/7.2	31/6
1900		1921/1922/1923/1924	茨木南部地震／浦賀水道地震／関東大震災／丹沢地震	7.0/6.8/7.9/7.3	9/2/105,385/19
		1931	西埼玉地震	6.9	16
	98	1987	千葉東方沖地震	6.7	2
2000		2021			

資料：理科年表（国立天文台編）他文献より

南海トラフ地震

南海トラフ地震は、これまでに何度となく繰り返し起きてきた地震で、有史以来の明らかになっている記録を表－4に示します。これによると、東海地震、東南海地震、南海地震の3つの地震が同時に発生するケースや、数日から数か月、数年の間隔で発生するケース、さらには宝永地震のように、富士山の噴火を伴ったケースもあります。また、表－2で詳しく説明したように、首都直下地震が連動して起きたことや、貞観噴火の後に三陸沖から相模トラフ、駿河トラフ、南海トラフへと移動する三連動地震も起きています。

東日本大震災の直後に富士山直下でM6・4の地震があり、富士山が噴火しないかと緊張が走ったことがありました。

富士山は800年の延暦噴火、864年の貞観噴火、937年の承平噴火、1707年の宝永噴火と大きな噴火がたびたび起きており、小規模な噴火を含めると、有史以来、平均100年の間隔で噴火しています。しかし宝永噴火を最後に現在までの310年以上もの間、噴気、有感地震はありましたが、噴火に至る現象は認められていません。

現在富士山の地下には、深さ20㎞のところに摂氏1000℃に熱せられた高温のマグマが大量に存在し、そこから5㎞ほど上の付近で低周波振動が起きています。マグマの活動が活発になると、この振動が有感地震に変わり、噴火の直前には火山性微動の細かい揺れに変化します。

今のところはマグマが上昇する気配は認められないとされていますが、いつ噴火が起きてもおかしくない状況にあり、首都直下地震や南海トラフ地震と連動することも否定できないとされています。

南海トラフによる地震周期については、684年の白鳳地震から1362年の正平地震までの約700年間は、203年から266年の間隔で発生しており、その周期は概ね200年から250年です。その後の1946年の昭和南海地震までの約600年間は、90年から147年の間隔で起きています。その周期は概ね100年と150年で交互に発生しており、最後の昭和南海地震から現在まで75年が経過しています。このサイクルが今後も続くとすると、次の地震は100年（平均）周期となることから、南海トラフ地震は〈2045年〉頃に起きることになります。

地震の発生時期を正確に予知することは、次節で述べるように、現在の科学的知見では不可能なことですが、京都大学大学院鎌田浩毅教授は、次の南海トラフ地震は直近の周期が90年と92年であることから、「〈2035年±5年〉の時期にかなり高い確率で起き、その合間に富士山噴火と首都直下地震が加わる」のではないかと警鐘を鳴らしています。（『2040年の未来予測』成毛眞、日経BP）

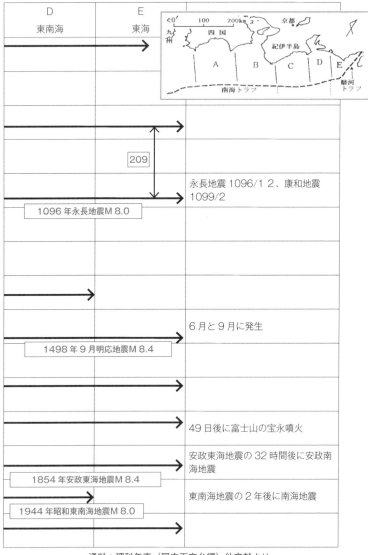

D 東南海	E 東海	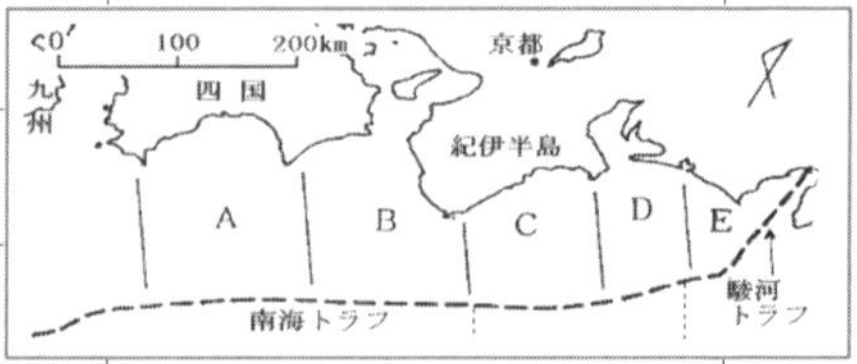
	209	
		永長地震 1096/1 2、康和地震 1099/2
1096 年永長地震M 8.0		
		6 月と 9 月に発生
1498 年 9 月明応地震M 8.4		
		49 日後に富士山の宝永噴火
		安政東海地震の 32 時間後に安政南海地震
1854 年安政東海地震M 8.4		東南海地震の 2 年後に南海地震
1944 年昭和東南海地震M 8.0		

資料：理科年表（国立天文台編）他文献より

表 -4　繰り返し発生する南海トラフ地震

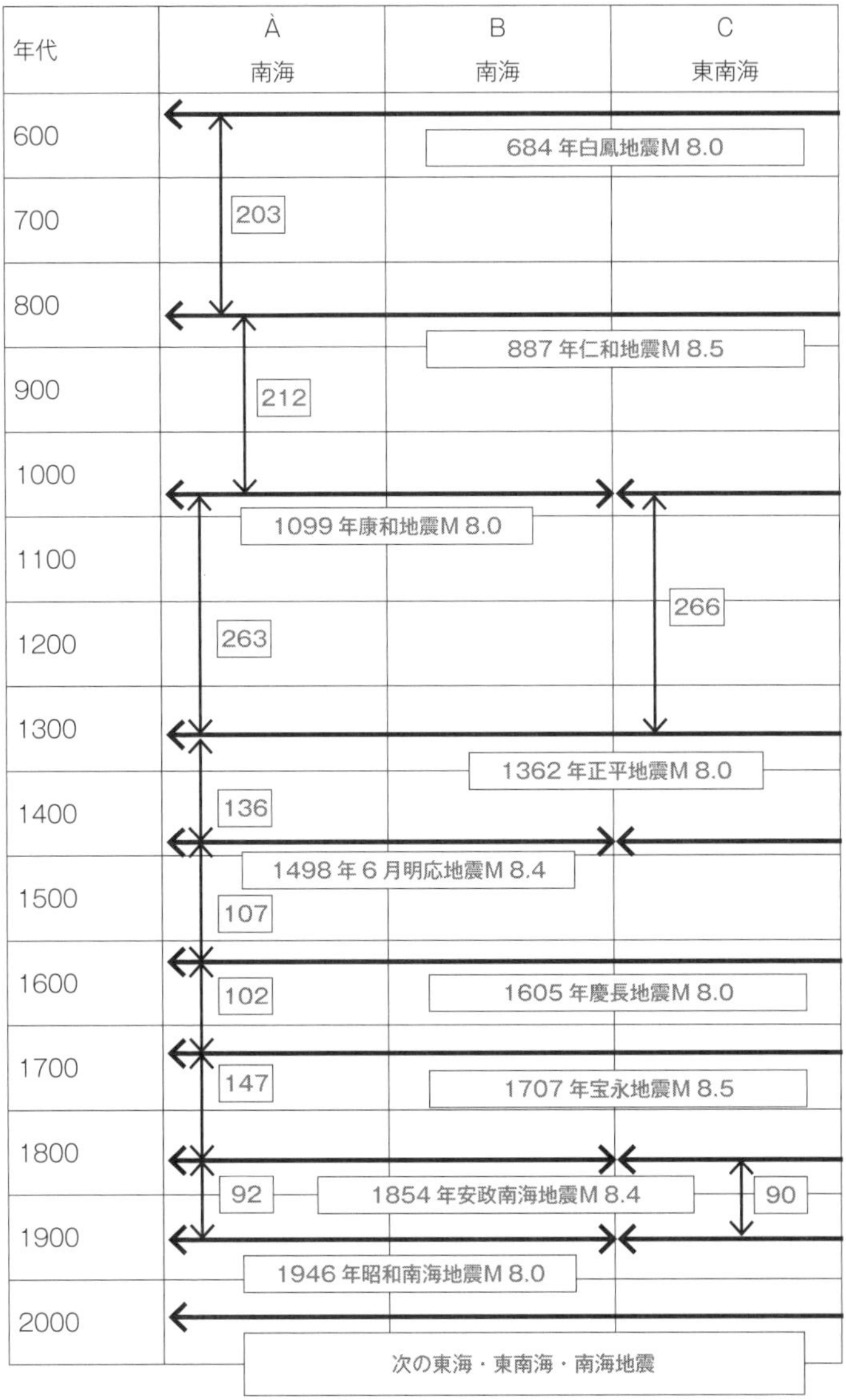

東日本大震災の教訓

想定できなかった巨大地震

「東北でよかった。首都圏でこのような地震が起きていたら甚大な災害になった」と発言して、復興大臣が更迭されたことは記憶に新しいところです。しかし、この発言は辞任しないといけない程の失言でしょうか。

この規模の地震が首都圏を直撃していたら、日本が壊滅するほどの大惨事になったことは、誰が考えても当たり前のことです。「東北でよかった」という言葉だけを切り取り、東北の人を軽視していると非難する野党やマスコミの姿勢は正しいとは思いません。もとより、本人は、そのようなつもりで発言をしたわけではなかったでありましょう。

巨大地震が東京、東海、中部、そして紀伊半島から四国、九州に及ぶ広大な範囲に起きていたら、想像を絶する未曽有の災害となるのは、誰でも想像できることです。

しかし天意の為すところか、首都直下地震や南海トラフ地震（東海、東南海、南海地震）よりも発生確率の低い地震(注)が、想像もしていない巨大地震となって、三陸沿岸を襲いました。この地震により、想定以上の地震が日本を襲うことを思い知らされ、これまで安全神話に支えられてきた原子力発電所の安全性に、重大なる瑕疵があることが明らかにされました。

幸い、東京電力福島原子力発電所の吉田昌郎所長(注)以下、全所員の命がけの復旧作業により、原子炉の爆発は免れ日本は救われたのです。

(注)・当時の地震発生確率は、首都直下地震70%、東海地震86%、東南海地震60%、南海地震50%で、東日本大震災の発生確率は20%であった。
・吉田昌郎元所長は食道がんを発症し、その腫瘍は肺と肝臓に転移し苦しい闘病生活の後、震災から2年4か月後に亡くなった。

最悪の場合にはチェルノブイリ原発事故の10倍の大災害になっていたといわれています。その時には、日本列島は福島を境にして、東と西に分断されたことであろうし、東京も安全ではありませんでした。

東日本大震災を教訓に、巨大津波や原子力発電所の安全性に対して、さまざまな角度から、より高度な検証を行い、国土強靭化への備え、防災体制の整備、国民への危機意識の啓蒙を醸成する貴重な時間を得ることになったのです。

地震予知は不可能

地震予知とは、地震がいつどこで、どれくらいの大きさで起こるか、つまり地震の発生時期、発生場所、規模の3つの要素を地震発生前に告知することをいいます。

普段の緊急地震速報は、携帯電話やテレビで配信される直前予報をいい、全国に配置された地震計により、揺れの予報を瞬時に解析し警報を発する警報システムで、地震予知とは異なるものです。

地震予知は、地震が起きる時期と規模を相当の正確さで予測できる、前兆現象を検知することが前提となります。しかし、十分な科学的根拠のある前兆現象は、阪神淡路大震災でも、東日本大震災でも観測されることはなく、現状の技術水準では、地震予知は不可能との結論に達しています。

これに対して地震予測は、中長期的な地震の発生の可能性を予測するもので、確率論的予測理論に基づき、過去の活動時期から地震の発生周期を求めて、将来の地震の発生時期や規模を確率論的に予想するものです。

その根幹をなす理論は、限られた場所で、同じような地震が、周期的に起きるという前提に立っています。そのため、有史以来の記録がない、経験がない巨大地震については予測することが難しいのです。

浜岡原子力発電所防潮堤の見直し

中部電力浜岡原子力発電所は南海トラフ震源域と重なる、駿河湾の中央付近の砂丘海岸に位置しており、東海地震の影響をまともに受ける、世界で最も危険な発電所といわれています。東日本大震災をもとに、浜岡原子力発電所に対する、M9・0の津波高さの検証を行った結果、現在の防潮堤を超える津波に襲われることが明らかにされました。これを受けて、防潮堤の高さを4m高くした22mの防潮堤を建設して巨大津波に備えています。

東日本大震災の経験は、私たちに多くの教訓を与えてくれました。浜岡原子力発電所が、福島第一原子力発電所と同じように「全電源喪失」による核燃料のメルトダウンを誘発すれば、その被害は東海、中部、首都圏全域に及び、日本の存続を脅かす壊滅的な災害になることでしょう。

東日本大震災によって非常時に必要となる「非常時モード」が、この国の仕組や組織の各所で欠落していることを知りました。大量な瓦礫処理や放射能による汚染土処理、救急避難、復旧等の緊急時に必要とする法制度が整備されていないわが国で、東日本大震災のような災害が首都圏を始めとする人口密集地に起きていたら、何もできないお手上げの状態になってしまいます。

緊急事態への備え

日本は地震が頻発する世界最大の地震国でありながら、未曽有とか想定外との言葉を並べて言い訳する政治家や学者たちの姿は、大自然の脅威を余りにも甘く見ていたように感じてなりません。

東日本大震災は、これまでの防災対策を見直し、自然災害に対する国土強靭化を急ぐとともに、巨大津波に対する徹底的な備えと住民の意識改革をはかる契機となりました。巨大災害や戦争に対する、有事を想定した「緊急事態条項」の創設についても、東日本大震災の教訓を糧に、本格的な議論が急がれるところです。

東日本大震災から10年を迎える今でも故郷に帰れない方々も多く、被災された人々に対して、これからも温かい思いやりの心を忘れず、できる限りの支援をして行かなければならないと、思いを強くするところです。

日本を襲った数々の大地震

日本を襲った数々の大地震

表－5の地震年表は、死者・行方不明者を合せて1000人以上を出した大地震の記録を示しています。允恭地震と白鳳地震については死者などの詳細が不明ですが、特に古い地震の記録として記しました。この他、死者・行方不明者が1000人以下で、ここに記載されていない地震も数多くあることを忘れてはなりません。

これ程までに多くの大地震が日本を襲い、たくさんの犠牲者が出ていることに驚愕するばかりです。海溝型地震、内陸型地震、直下型地震とあらゆる地震が、日本全土を襲っています。海溝型地震は、定期的、規則的に起きており、津波により各地に甚大な被害をもたらしました。それは太古の昔から今日に至るまで繰り返されており、これから先も同じように起きる地震です。首都直下地震も同様なことがいえます。

表-5 巨大地震　死者１０００人以上

時代	発生年	地震名	規模M	死者行方不明（人）	備考
古墳	416（允恭5）	允恭地震	日本書紀に記された最古の地震		
飛鳥	684（天武13）	白鳳地震	8.0	不明	東海、東南海、南海
平安	869（貞観11）	貞観地震	8.3	1,000	東北三陸
平安	1096（嘉保3）	永長地震	8.0	10,000	東海、東南海
鎌倉	1293（正応6）	鎌倉大地震	8.0	23,000	関東
室町	1498（明応7）	明応地震	8.4	41,000	東海、東南海、南海
豊臣	1596（文禄5）	慶長伏見地震	7.0	1,000	京都
江戸	1605（慶長9）	慶長地震	8.0	10,000	東海、東南海、南海
	1611（慶長16）	会津地震	6.9	3,700	会津
	1611（慶長16）	慶長三陸地震	8.1	5,000	東北三陸
	1703（元禄16）	元禄地震	8.1	10,000	関東
	1707（宝永4）	宝永地震	8.5	20,000	東海、東南海、南海
	1766（明和3）	津軽地震	7.0	1,500	津軽
	1771（明和8）	八重山地震	7.4	12,000	沖縄八重山
	1792（寛政4）	島原大変肥後迷惑	6.4	15,000	長崎県島原
	1828（文政11）	三条地震	6.9	1,681	新潟

	1847（弘化 4）	善光寺地震	7.4	8,174	長野
	1854（嘉永 7）	伊賀上野地震	7.0	1,308	伊賀上野
	1854（安政 1）	安政東海地震	8.4	3,000	東海、東南海
	1854（安政 1）	安政南海地震	8.4	3,000	南海
	1855（安政 2）	安政江戸地震	7.0	7,444	関東
明治	1891（明治 24）	濃尾地震	8.0	7,273	岐阜濃尾
	1896（明治 29）	明治三陸地震	8.2	21,959	東北三陸
大正	1923（大正 12）	関東大震災	7.9	105,385	関東
昭和	1927（昭和 2）	北丹後地震	7.3	2,925	京都丹後半島
	1933（昭和 8）	昭和三陸沖地震	8.1	3,064	東北三陸
	1943（昭和 18）	鳥取地震	7.2	1,083	鳥取
	1944（昭和 19）	昭和東南海地震	8.0	1,223	東南海
	1945（昭和 20）	三河地震	6.8	3,432	愛知県三河
	1946（昭和 21）	昭和南海地震	8.0	1,464	南海
	1948（昭和 23）	福井地震	7.1	3,769	福井市
平成	1995（平成 7）	阪神淡路大震災	7.3	6,434	大阪、神戸
	2011（平成 23）	東日本大震災	9.0	21,972	東北三陸、宮城、福島

資料：理科年表（国立天文台編）他文献より

表−6は、明治以降に死者100人以上を出した大地震の記録を示します。1891年（明治24年）の濃尾地震、1896年（明治29年）の三陸沖地震、1923年（大正12年）の関東大震災をはじめとし、昭和に入ってから終戦に至るまで、繰り返し各地で大きな地震に襲われました。なかでも関東大震災は首都東京を直撃し、大災害をもたらした大地震として特に有名です。防災の日として定められている「9月1日」は関東大震災が起きた日です。

終戦から今日まで

特に大戦中は1943年（昭和18年）の鳥取地震、1944年（昭和19年）の昭和東南海地震、1945年（昭和20年）の三河地震、そして、終戦直後の1946年（昭和21年）の昭和南海地震、1948年（昭和23年）の福井地震と各地で大地震に見舞われ、いずれも数千人の方が亡くなっています。

その後はそれまで起きていた地震が不思議にもピタリと止み、地震はあったものの被害は局所的なもので済みました。やがて、日本は高度経済成長期に入り、物に溢れ、戦争も大震災もない優雅な生活を謳歌していましたが、1995年（平成7年）に予期しない阪神淡路大震災に襲われたのでした。

表 -6　明治以降　死者１００人以上

時代	発生年	地震名	規模 M	死者・不明（人）	津波	備考
明治	1872（明治 5）	浜田地震	7.1	551	なし	鳥取県浜田市
	1891（明治 24）	濃尾地震	8.0	7,273	なし	岐阜濃尾
	1894（明治 27）	庄内地震	7.0	726	なし	山形庄内
	1896（明治 29）	三陸沖地震	8.2	21,959	38.2	東北三陸
	1896（明治 29）	陸羽地震	7.2	209	なし	秋田・岩手県境
大正	1923（大正 12）	関東大震災	7.9	105,385	12	関東
	1925（大正 14）	北但馬地震	6.8	428	なし	兵庫県但馬
昭和	1927（昭和 2）	北丹後地震	7.3	2,925	なし	京都丹後半島
	1930（昭和 5）	北伊豆地震	7.3	272	なし	函南丹那
	1933（昭和 8）	三陸沖地震	8.1	3,064	28.7	東北三陸
	1943（昭和 18）	鳥取地震	7.2	1,083	なし	鳥取
	1944（昭和 19）	昭和東南海地震	7.9	1,223	10	東南海
	1945（昭和 20）	三河地震	6.8	3,432	なし	愛知県三河
	1946（昭和 21）	昭和南海地震	8.0	1,464	6	南海
	1948（昭和 23）	福井地震	7.1	3,769	なし	福井県
	1983（昭和 58）	日本海中部地震	7.7	104	10	秋田県能代
平成	1993（平成 5）	北海道南西沖	7.8	230	10	奥尻沖
	1995（平成 7）	阪神淡路大震災	7.3	6,434	なし	大阪、神戸
	2011（平成 23）	東日本大震災	9.0	21,972	38.9	三陸宮城福島
	2016（平成 28）	熊本地震	7.3	273	なし	熊本地方

資料：理科年表（国立天文台編）他文献より

土木工学を専攻し、ゼネコンに身を置き、数々の大工事を経験してきた私でも、始めて見た大震災の現場に言葉を失いました。その記憶が薄まらないうちに、今度は２０１１年（平成23年）に東日本大震災に見舞われたのです。未曽有の大津波を目の当たりにして、大自然の脅威に思わず身が震えました。阪神淡路大震災は発生確率が千年に一度の内陸型断層地震といわれ、東日本大震災は千年に一度の大津波といわれていますが、大地震が連発する時代が、再び到来しているかのようです。

地震大国日本

図１―２は、世界の地震地図に世界原子力発電事業者協会（ＷＡＮＯ）による、２０１８年現在の原子力発電所（以下、原発と称す）の位置を重ねたものです。地震は環太平洋に沿って多発しており、実に世界の90％の地震がこの地域で起きています。ここに位置する日本列島は、地球の地表面積の０・25％ほどの国土に過ぎませんが、世界の10％から20％の地震が集中し、ほぼ国土全域にわたって地震が発生しています。

２０００年から２００９年にかけて日本付近で発生したＭ５の地震は世界の10％で、Ｍ６以

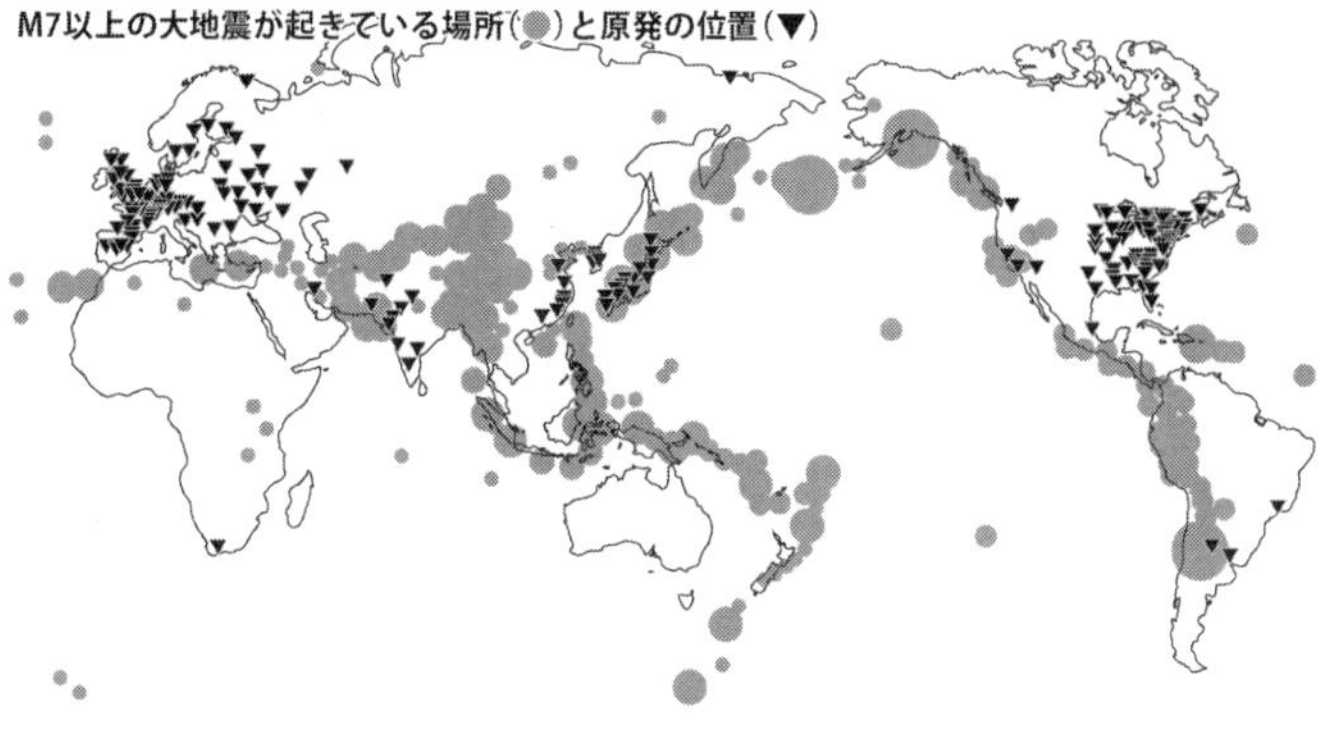

図-2 世界の地震地図と原子力発電所位置図
(資料：アメリカ地質調査所、世界原子力発電事業者協会)

上の地震は世界の20％にのぼっています。

一方、ユーラシア大陸では中国山間部の青海省、四川省、雲南省、チベット、ネパールにかけての広い範囲と地中海沿岸で地震が多発していますが、西欧からヨーロッパ内陸部や、アメリカ大陸の東部から中部にかけてと、アフリカ大陸やオーストラリア大陸では一部を除いて、大きな地震はめったに起きません。

この図から、地震大国である日本の原発がいかに危険であるかが一目瞭然にわかります。これに対して、原発大国世界一のアメリカでは、地震のない東部や中部に集中しています。西部にはカリフォルニア州の2カ所とワシントン州とアリゾナ州に1カ所ずつ原発がありますが、西海岸に面した地震多発地帯のカリフォルニア州の原発は、

２０２４年にまでに廃炉することが決定されています。

原子力大国第2位のフランスやドイツ、イギリスの国々もほとんど地震が起きません。

地震大国の日本がこれらの国との違いを示す例として、図－３に、フランスと日本の高速道路の橋脚を示します。日本の高速道路は地震に耐えるために太い橋脚を必要とし、更に耐震補強用の厚い鉄板で防護しているのに対して、設計に大きな地震を考えないパリの橋脚は、日本の橋脚に比べてスマートな構造となっています。

そのうえ日本は軟らかい地盤が多く、地下深くまで橋脚の基礎を入れないと橋が安定しませんが、パリの橋脚は固い地盤の上に建っているので深い基礎を必要としないのです。これ程までに安全に対する対応に違いがあることを知らなければなりません。

写真　地震《じしん》に耐《た》えるために太い橋脚《きょうきゃく》の日本の高速道路（阪神高速道路）

写真　設計《せっけい》に地震を考える必要がないフランスの高速道路の橋脚《きょうきゃく》（パリのシャルル・ド・ゴール空港）

図 -3　高速道路橋脚　（資料：国土技術研究センター）

第3章

元寇と立正安国論を思う

モンゴル帝国の出現

モンゴル帝国の出現

今から約800年前、中国大陸にかつてないほどの巨大帝国が出現していました。それはチンギス・ハンによりモンゴル高原に建国されたモンゴル帝国でした。モンゴル帝国は大規模な騎馬軍団を組織し、瞬く間に中国からロシア、西アジアに跨る広大な領地を奪い取り大帝国を築き上げました。

チンギス・ハンにより滅ぼされた国は約40以上、殺戮された人々は4000万人という驚異的な数にのぼっています（表-7参照）。1260年、フビライ・ハン（チンギス・ハンの孫）がモンゴル帝国・5代目の皇帝として即位し、国号を「元」と改め、都を大都（だいと）（現在の北京）に遷都した後、朝鮮半島の高麗を征服し、やがて「宋」を滅亡させ、中国全土を支配しました。

モンゴル帝国の最大版図は、西はヨーロッパ、トルコ、シリア、南はアフガニスタン、チベット、ミャンマー、東は中国、朝鮮半島まで及ぶもので、世界の陸地の約4分の1といわれるほどの広大なものでした。

フビライ・ハンは東アジアへの勢力を拡大するなか、東方で独立を保っていた日本を征服しようと企み、1266年から1272年にかけて毎年、日本に使節団を送り、モンゴル帝国に服属することを求めてきました。

フビライ・ハンが書き送ったとされる国書は、脅迫状まがいのもので、「この国書が受け入れられない時には、武力を用いる」とあったとされています。当然、フビライの国書は受け入れられるはずがなく、これにより元との戦闘は必至となり、文永の役（1274年）と弘安の役（1281年）の元寇が勃発したのでした。

想像を絶する困苦な時代

この時代の日本は、鎌倉時代の中期に当たり、公家・貴族社会から武家社会へと、日本の社会そのものが大きな変化を遂げる歴史的転換期にあった時期で、大変不安定な時代でした。そうした中、世界最強軍団といわれた、蒙古からの襲来を二回にわたって受け、国内の混乱と疲弊はいかばかりか計り知れないものでした。そのうえ、度重なる飢饉と疫病、地震と水害が容赦なく日本を襲い、想像を絶するほどの困苦な時代であったといわれています。

その一端を述べると、1230年から1232年にかけては、鎌倉時代最大の「寛喜の大飢饉」に見舞われました。この飢饉は「天下の人種3分の1失す」と語られるほどの歴史上最大級のもので、巷には餓死者が溢れて死臭が漂い、人身売買も数多くあったとされています。

続く1256年から1260年にかけては「正嘉の大飢饉」が起こり、大規模な疫病が蔓延するとともに、1257年「正嘉鎌倉地震」が発生しました。余震も含めて何度も地震に襲われ、多くの建物が倒壊し、洪水や暴風雨によってたくさんの人々が死んだとされています。さらに1293年には、「鎌倉大地震」の襲来により、2万3000人もの死者を出し、関東地方全域に壊滅的な打撃を与えたのでした。

立正安国論と鎌倉仏教

立正安国論と鎌倉仏教

日蓮聖人（以下、日蓮と称す）は正嘉の大飢饉の様子を、自著『立正安国論』（1260年）の冒頭で、次のように述べています。「大風や大雨に見舞われ、地震や洪水、干ばつにより作物が実らず、人々は飢えている。そこに伝染病が広がり、悲惨な状況に陥っている。牛や馬はそこら中で死に、その骸骨が路上に散乱。死期を迎えた人々が全人口の半数以上になり、この有様を嘆かないものは誰一人としていない。巷には飢えて物を乞う者が溢れ、遺体が物見台のように高く積み上げられ、川は遺体を並べると橋となるほどである…」

このような救いようのない絶望の時代、地獄の苦しみから逃れたいとする貧しい人々に対して、生きる希望と往生への救いもたらす宗教として、多くの鎌倉仏教が生まれました。

この時代の代表的な宗教として知られる、法然の浄土宗、親鸞の浄土真宗は、「南無阿弥陀仏」を唱えて信心すれば、難しい教理経典を理解せずとも何人《なにびと》も極楽浄土に往生できると説く、念仏信仰の教えで、貧しい人々の間に広く普及していきました。栄西の臨済宗や道元の曹洞宗は座禅修行を中心とする禅宗の教えで、厳しい自己鍛錬を好む武家達の間に広く浸透しました。特に臨済宗は鎌倉幕府の庇護を受けて大きく発展しました。

これに対して、日蓮は釈迦の教える法華経こそが正しい教えであり、この教えのもとに国の政治を行い、民衆を導くことにより、混濁の末世《まっせ》を救えると説いたのでした。

日蓮の主張の根底には、権力欲に明け暮れる武家政治や念仏、加持祈祷さえ唱えていれば救われるとする、自戒の精神を軽んじる念仏宗の教えが、真の仏道に反し、社会の混乱を招いているとの強い信念がありました。

日蓮は厳しい修練修行の中で立正安国論を書き上げ、国の現状と行く末を憂い、幕府の最高権力者の北条時頼にこれを提出したのでした。それは1260年7月のことで、奇しくもフビライ・ハンが元の皇帝に即位した年にあたります。

日蓮はその中で「念仏信仰を止め、正しい教えのもとで政治を行なわなければ、外国からの侵略が起こる」と幕府を諫めたのでした。これが、有名な蒙古襲来の予言といわれるものです。立正安国論を提出した6年後の1266年、フビライ・ハンの国書が届けられ、1272年まで毎年にわたって執拗に続けられました。

法難と奇跡

日蓮の予言通り、外国の脅威が迫るものの、立正安国論は鎌倉幕府に受け入れられることなく、幕府の弾圧と念仏宗信者による激しい迫害を受けたのでした。

日蓮は1261年5月、約2年間伊豆へ流罪され、釈放された後も、幕府への諫言は続いたとされます。1266年にはフビライ・ハンの国書が届くものの、とうとう、1271年（文永8年）9月12日には、江の島龍ノ口で斬首の刑に処せられることになりました。しかし、刑の執行直前、奇跡が起こり助かったと伝えられています。

同年10月には佐渡へ流罪され、約2年半にわたり佐渡に留め置きされ、釈放されたのは1274年2月のことでした。その8か月後に元寇が起きたのです。

日蓮は龍ノ口の奇跡を『種種御振舞御書《しゅじゅおふるまいごしょ》』（1276年、建治2年、55才御作）の自著のなかで、次のように語っています。「江の島の方向から月のように光った物が毬《まり》のように東南の方向から西北の方向に光り渡った。12日の夜明け前の暗がりで人の顔も見えなかったが、これが光って月夜のようになり人々の顔がみな見えた。太刀取りは目がくらみ倒れ、兵士どもはひるみ恐れ、首を斬る気を失って一町ばかり逃げる者もあり、ある者は馬から降りてかしこまり、馬の上でうずくまっている者もいる」と、日蓮の神秘を史実として伝えています。

元寇（蒙古襲来）

元寇

1274年の文永の役と1281年の弘安の役の攻防は壮絶極まるものであったと記録されています。鎌倉幕府は執権北条時宗以下、鎌倉御家人の勇猛果敢な戦いによってモンゴル帝国の大軍団を撃破したことはあまりにも有名です。その勝利は、国を守る鎌倉武士団の一致団結した結束力と、神風と称される暴風雨が、天賦《てんぷ》の力となり加勢してくれたことによるものでした。

文永の役の時のモンゴル軍は約3万人、900隻の大船団であったとされています。壱岐・対馬の両島はたちまち占拠され、10月20日に博多湾に元の大軍が上陸し激戦となりました。多勢に無勢で苦戦を余儀なくされますが、元の侵入を海岸線で押し留め、元軍は日没と同時に船に引き返したのでした。ところが不思議なことに、その夜半、突然起こった暴風雨により元の大軍は致命的な打撃を受け、元に引き上げたと記録されています。

さらに7年後の1281年5月21日、文永の役をはるかに上回る大軍団を率いた弘安の役が起こりました。その規模は史上最大の船団で兵力14万人、４４００隻といわれています。元の船団は博多湾を埋め尽くし、上陸を試みる戦いが幾度となく繰り返されましたが、鎌倉幕府は博多湾に築いた防御塁を盾に徹底抗戦を続け、元の上陸を阻止すること、2か月近くに及んだとされています。まさに、専守防衛による国の存亡をかけた戦いでした。

神風の奇跡

またしても奇跡が起こったのです。７月30日の夜、大暴風雨が博多湾を襲い、元の大船団がひと夜の内に海の藻屑と消えてしまったのでした。その後の鎌倉武士団の追撃によって、元は壊滅的打撃を受け敗退したのです。元は軍団の4分の3を失い、帰還できたのはわずか3万人にも達しなかったと記録されています。こうして日本は世界最強の元軍を撃破したのでした。

この二つの戦いでの暴風雨は、神風として、神話的な比喩を交えて語り継がれています。文永の役の神風は無かったとする説もありますが、弘安の役における神風は間違いなく起きたとされています。

元寇の役の勝利は、神風が大きな勝因とされていますが、決してそれだけではありません。

最も強調すべきことは、国を守る強い信念のもと、鎌倉武士団を中心に、朝廷、神社、仏閣、民衆たちの、心をひとつにした戦いにあったのでした。

ところで、フビライ・ハンが2回にわたる日本侵略を企てた理由に、征服後の南宋の反乱を抑えることにあったようですが、もうひとつ、『東方見聞録』の中に書かれている「黄金の島・ジパング」に魅了されたともいわれています。マルコ・ポーロが元に入国したのは、文永の役の翌年で、その時、フビライ・ハンに次のように語ったとされています。

「ジパングは東海にある大きな島で、大陸から2400キロの距離にある。住民は色が白く、文化的で、物資に恵まれている。偶像を崇拝し、どこにも属せず、独立している。黄金は無尽蔵にあるが、国王は輸出を禁じている。この島の支配者の豪華な宮殿について述べよう。ヨーロッパの教会堂の屋根が鉛で葺かれているように、宮殿の屋根はすべて黄金で葺かれており、その価格はとても評価できない。宮殿内の道路や部屋の床は、板石のように、4センチの厚さの純金の板をしきつめている。窓さえ黄金でできているのだから、この宮殿の豪華さは、まったく想像の範囲をこえている」(『東方見聞録』訳：青木富太郎、社会思想社)

これが弘安の役にあれだけの大軍団を仕立て、日本征服を行おうとした動機に繋がったともいわれています。その真相はともかくとして、元寇の勝利は、執権北条時宗を中心とした幕府統制のもと、鎌倉武士団が一致団結して戦ったことによる運否天賦《うんぷてんぷ》によるものであったのです。

国難に対して国を守る

国のために私利私欲をなくしてまとまり、朝廷と幕府、神社、寺院が一体となり、国をあげて祈り、民衆の心を束ね、心をひとつにして元軍と戦ったのでした。これこそが最大の勝因であり、だからこそ、暴風雨という台風が神風となって日本を外敵から救ったのでした。この戦いの3年後、北条時宗は享年34歳の若さで逝去しました。見事に命をかけて日本の国を守り抜いた大英雄でした。

鎌倉時代という不安定な時代の中で、地震、暴風雨、飢饉、疫病という大自然の脅威に翻弄される中、世界最強の外敵に対して、国の存亡をかけて戦った誇るべき史実です。命を賭けて国を守り、国の民を救った多くの偉人達の存在を知ることができます。

国の指導者はもとより、開祖と言われる宗教人の偉大さには驚愕するばかりです。これを現代の時代に照らし、国の安寧と平和、国民の安全のために、何を為さなければならないかを考えることが必要です。

鎌倉時代の天皇

日本の建国から長い時を経た鎌倉時代、本格的な武家政治が始まりました。この時代から徳川時代の終わりまで、約700年近く武士の時代が続きましたが、武家政治への移行期であった鎌倉時代は、朝廷と幕府との争いが激しく、天皇がおろそかにされた時代でした。

1221年の承久の変を契機に、第82代後鳥羽天皇（上皇の時、隠岐へ流罪）、第83代土御門天皇（上皇の時、土佐へ流罪）、第84代順徳天皇（上皇の時、佐渡へ流罪）、第96代後醍醐天皇（隠岐へ流罪）と多くの天皇が配流されました。

鎌倉時代の度重なる天災や世の中の混乱した世相に対して、警鐘を鳴らした日蓮の立正安国論は、日本の国が本来の治世から遠ざかり、建国の精神がなおざりになっていく世を諌めたもので、正しい教えのもとに国を治め、人々が生きていく大切さを教えたものでした。

第4章

人類の大量虐殺と国家観

人類の大量虐殺

人類の大量虐殺

世界の歴史を紐解《ひもと》くと、戦争や内戦、政治闘争により、世界各地で、残忍な大量虐殺が幾度となく、頻繁に繰り返されてきました。『殺戮の世界史、人類が犯した100の大罪』（マシュー・ホワイト著、訳：住友進、早川書房）によって、大量虐殺の歴史を知ることができます。

戦争や征服での大量虐殺は必然性があるとはいえ、殺戮された人数の多いことに驚きを禁じえません。表－7は殺戮の上位20を、表－8はその他の主な戦争による殺戮を示しています。ここに記されていないものや有史以前のものを含めると、世界は殺戮の歴史で埋め尽くされているといえます。

安全保障に関わる一流のシンクタンク・アメリカのランド研究所の記録から、人類の歴史において「紀元前3600年頃から今日まで、平和だったのはわずか292年しかなく、この間に1万4531回の戦争があり、30億4000万人が殺された」と、マシュー・ホワイト氏は教えています。

表－7について殺戮人数の多い順に述べると、1位：第二次世界大戦、2位：チンギス・ハン、毛沢東、4位：英領インドの飢饉、5位：中国明王朝の滅亡、6位：中国清王朝・太平天国の乱、ヨシフ・スターリン、8位：中東奴隷貿易（7－19世紀）、9位：中央アジア・ティムール朝、10位：大西洋奴隷貿易と続きます。

以下、アメリカ大陸の征服、第一次世界大戦、中国唐王朝安史の乱、中国新王朝、コンゴ自由国のベルギーによる植民地支配、ロシアの内戦、ドイツを舞台にした30年戦争、中国元王朝の滅亡、西ローマ帝国の滅亡、中国共産党と国民党の国共内戦と続いています。

殺戮は、ユーラシア大陸、アフリカ大陸、アメリカ大陸を舞台にしたもので、領土を略奪した国が相手の国の人々を容赦なく殺戮したあげく、奴隷として使い、売り飛ばした残虐非道な行為を物語るものです。

この表で、世界最大の版図を誇ったとされるモンゴル帝国のチンギス・ハンによる大量虐殺と、毛沢東による虐殺が同じ規模であることや、中国の歴代王朝によるものが際立って多いことに驚かされます。そこには中国大陸で繰り広げられた、民族間の凄まじい攻防の歴史が見てとれます。

表 -7 残虐な大量虐殺上位 20

順位	名　　称（年代）	死者（人）
1	第二次世界大戦（1935-1945）	6,600 万
2	チンギス・ハン（1206-1227）	4,000 万
2	毛沢東（1949-1976）	4,000 万
4	英領インドの飢饉（18 世紀 -20 世紀）	2,700 万
5	中国明王朝の滅亡（1635-1662）	2,500 万
6	中国清王朝・太平天国の乱（1850-1864）	2,000 万
6	ヨシフ・スターリン（1928-1953）	2,000 万
8	中東の奴隷貿易（7 世紀 -19 世紀）	1,850 万
9	中央アジア・ティムール朝（1370-1405）	1,700 万
10	大西洋の奴隷貿易（1452-1807）	1,600 万
11	アメリカの征服（1492 以降）	1,500 万
11	第一次世界大戦（1914-1918）	1,500 万
13	中国唐王朝・安史の乱（755-763）	1,300 万
14	中国新王朝（9-24）	1,000 万
14	コンゴ自由国（1885-1908）	1,000 万
16	ロシアの内戦（1918-1920）	900 万
17	３０年戦争（1618-1648）	750 万
17	中国元王朝の滅亡（1340-1370）	750 万
19	西ローマ帝国の滅亡（395-455）	700 万
19	中国の内戦（1927-1937、1945-1949）	700 万

出典；『殺戮の世界史ー人類が犯した 100 の大罪』マシュー・ホワイト著、住友進訳（早川書房）

その他の戦争による大量虐殺

表―8は、その他の主な戦争による大量虐殺を示すもので、ベトナム戦争をはじめ、ナポレオン戦争、英仏百年戦争、十字軍の遠征、フランスの宗教戦争、朝鮮戦争、ロシア・ピョートル大帝など、中世より近代に至るまで、多くの大量虐殺が繰り返されてきました。

これらの殺戮について順を追って概説すると、ベトナム戦争は米国によるベトナムの共産化を阻止するための戦いでした。ナポレオン戦争はフランス革命を他国の干渉から守るために始まったものですが、やがて大規模な侵略戦争へ発展して行きました。英仏百年戦争はフランスの王位継承に絡んだ、フランスに所有するイギリス国王の領土

表-8　その他の主な戦争による殺戮

名　　称（年代）	死者数（人）
ベトナム戦争（1959-1975）	420万
ナポレオン戦争（1792-1815）	400万
百年戦争（1337-1453）	350万
十字軍（1095-1291）	300万
フランス宗教戦争（1562-1598）	300万
朝鮮戦争（1950-1953）	300万
ロシア・ピョートル大帝（1682-1725）	300万

出典；『殺戮の世界史、人類が犯した100の大罪』マシュー・ホワイト著、住友進訳（早川書房）

をめぐる長い戦いでした。聖戦といわれた十字軍やフランス革命も、大量な虐殺が繰り返されています。

朝鮮戦争は北朝鮮と韓国の間の朝鮮半島をめぐる、米国、ロシア、中国が絡んだ戦いでした。ロシア・ピョートル大帝は、ヨーロッパへの領土拡大をめぐり、東欧の最強国としての地位を築いた英雄と讃えられています。

共産党による大量虐殺

共産党支配の実態を克明に分析した『共産主義黒書〈ソ連篇〉』(ステファヌ、ニコラ著、訳：外川継男、恵雅堂出版)によると、20世紀に共産主義により殺戮された死者の数は、

表 - 9　共産主義による殺戮(1914～1991)

国　名	死者数(人)
中国	6,500万
ソ連	2,000万
北朝鮮	200万
カンボジア	200万
アフリカ諸国	170万
アフガニスタン	150万
ベトナム	100万
東欧諸国	100万

出典:『共産主義黒書、ソ連編』(ステファヌ・クルトワ、ニコラ・ヴェルト著、外川継男訳 1997年)

表－9のようです。

これによれば中国共産党によって6500万人もの大量の死者を出しており、その数はソ連共産党の3倍以上の犠牲者となっています。

一方、『毛沢東の大飢饉、史上最も悲惨で破壊的な人災』（フランク・ディケーター著、訳：中川治子、草思社）では、1958年から1962年の間に4500万人もの国民が餓死し、250万人が拷問、処刑死したと主張しています。また、『マオ誰も知らなかった毛沢東』（ユン・チアン、ジョン・ハリデイ著、訳：土屋京子、講談社）によると、毛沢東による死者は7000万人を越えるとしています。いずれの数も、マシュー・ホワイト氏による調査よりもはるかに多いもので、中国共産党による殺戮は今の常識では考えられない大規模なものだったのです。

表－10は、第二次世界大戦後に中国が行った戦争を示すものですが、チベット人で拓殖大学国際日本文化研究所教授ペマ・ギャルポ氏は著書『侵略に気づかない日本人』（ハート出版）の中で、中国により虐殺されたチベット人は120万人以上に及ぶと述べています。

表-10　近年における中国の主な戦争

名 称（年代）
チベット侵略（1950-1976）
中印戦争（1962）
中ソ国境紛争（1969）
西沙諸島の戦い（対南ベトナム）（1974）
中越戦争（対ベトナム）（1979）
中越国境紛争（対ベトナム）（1984）
南沙諸島海戦（対ベトナム）（1988）

また、中印戦争では行方不明者を含めて約4000人、中ソ国境紛争で最大約800人、中越戦争と中越国境紛争で約15万人、西沙諸島の戦いと南沙諸島海戦でそれぞれ約70人の死者が出ているとされています。南シナ海の人工島は、中国が西沙諸島と南沙諸島の戦いに勝利し実効支配した後、埋め立て建造したものです。

大量虐殺にみる国家観の違い

日本の戦争史

日本は外国に比べて、戦争を殆んどしなかった国といえます。対外戦争はもとより内戦も極めて少なく、その規模も中国やヨーロッパ、イスラム社会と比べてはるかに小さいものです。古代の対外戦争は4世紀末から5世紀初頭にかけての高句麗戦と7世紀後半の白村江の戦いの2回しかありません。その後、蒙古襲来と豊臣秀吉による朝鮮との文禄・慶長の役があるのみです。内戦についても、古代最大の内戦といわれる壬申の乱（天智天皇の後継を巡る戦い）や、源平合戦に繋がる保元の乱と平治の乱でも、大量虐殺と呼ばれるものはなかったとされています。

その最大の理由として、天皇中心の政治から武家政治への政権交代は行われましたが、外国と異なり、天皇に代わって王権を目指す政権はなかったことがあげられています。

日本は明治開国により、列強の軋轢をまともに受けるようになった結果、自国の平和と独立を守るため、富国強兵の道を進んでいったのでした。19世紀のこの時代、世界の国々は、列強の国の植民地になるか、それが嫌ならば産業を興して軍事力を持ち、帝国主義の仲間入りをするしかなかった残虐非道な時代でした。

このような世界情勢の中で、日本が生き残るためには、日清戦争と日露戦争は避けることができない、自衛のための戦争でした。もし日清戦争で日本が負けていたら、沖縄は清国のものになっていたことであろうし、日露戦争でロシアに負けていたら、朝鮮半島は間違いなく、ロシアの領土となっており、日本の領土も決して安全ではありませんでした。今の日本の繁栄は、戦争で亡くなった多くの人たちの尊い犠牲の上にあることを忘れてはならないのです。

当時の明治天皇の御心を知る御製があります。

「よもの海　みなはらからと　思ふ世に
など波風の　立ちさわぐらむ」

この御製は、日露戦争開戦についての御前会議で詠まれたものです。天皇の平和を願い、日露戦争を回避したいとの思いがひしひしと伝わってくるものですが、結局、戦争を止めることは時代が許しませんでした。

この二つの戦争によって、日清戦争で日本側は1万3300人、清国は3万5000人、日露戦争では日本側11万5600人、ロシアは4万2600人という多数の死者を出しています。その後の、第二次世界大戦では、日本の戦死者230万人、一般市民80万人の計310万人の犠牲者が出ています。

大戦に至る情勢の中で、日本は朝鮮半島や満州を巡って不幸な歴史があったことも事実で、そのような時代に翻弄され、どん底の時代を味わった国や人々がいたのでした。これらの国に対してわが国は、これまで真摯な姿勢で償いを果たしてきましたが、未だに解決できない根の深い「しこり」として残っていることは、残念でなりません。

大量虐殺にみる国家観の違い

先に述べた「人類の大量虐殺」は、西欧人や中国人に理解できたとしても、日本人にはとても理解できるものではありません。東京大学資料編纂所教授の本郷和人氏によれば、「日本史上で虐殺と呼ばれるものは、唯一、織田信長による比叡山延暦寺の焼き討ちと本願寺との戦いで行われた一向一揆の殲滅戦があるのみで、基本的には日本には虐殺はなかった」と教えています。

マシュー・ホワイト氏は先に示した著書の中で、日本における殺戮として島原の乱のみを紹介し、2万人の男性信者と1万7000千人の子女の信者が殺されたことを伝えています。日本の戦国史上最大の決戦といわれ、20万人が参加したとされる関ヶ原の戦いについては特に触れておりません。わが国でも戦国時代には多数の死者が出ているのでしょうが、ヨーロッパで見られる悲惨な殲滅戦に比べれば、虐殺のスケールが大きく違うといえるのです。

正義の実現のためには、大量虐殺があってもやむを得ないとする、西欧人や中国人が持つ独特の感覚は、日本人にはとても理解できるものではありません。

キリスト教徒20億人、イスラム教徒16億人といわれる世界の大宗教は、中東人、西欧人、アメリカ人の心に深く根付いており、ユダヤ教、キリスト教、イスラム教の共通啓典である旧約聖書の中の「モーセの十戒」は、彼らの国づくりの精神と重なっています。

旧約聖書の中のカナンの地（今のイスラエル）に行き着く『出エジプト記』は、建国にあたって多くの犠牲者を出す神話ですが、それは神との約束を実現するための犠牲でした。マシュー・ホワイト氏によれば、「ユダヤの民がエジプトから出て、カナンの地に辿りつくまでの犠牲者は128万3000人」といい、神が定めた正義の建国においても、多くの犠牲者が出ていることを教えています。

中国の易姓革命

中国は易姓革命によって、「姓《な》を易《か》へ、命を革《あらた》める国家」といわれています。易姓革命とは、天子は天命により地位を得るが、民衆の支持を失うとその地位を追われ、他姓の有徳者が天子となる思想をいい、新たな天子によって容赦なく、大量虐殺が行われてきました。また、易姓革命とともに語られる焚書坑儒《ふんしょこうじゅ》は、過去の書物を焼き、儒者を生埋めにするという故事で、征服した国の文明文化を跡かたもなく抹殺する思想をいいます。

中国4000年の歴史はアジア大陸の広大な中原で、太古の昔から多くの興亡が繰り返されてきた歴史をいうにすぎず、今の中華人民共和国とは何の関係もありません。このことは、紀元前660年の建国以来、万世一系の天皇のもとに、2680年と連綿に続く、日本とは全く違う国家であることを知らなければなりません。

現在の中国、すなわち中華人民共和国は、中国共産党（人民解放軍）が中国国民党（国民革命軍）との国共内戦に勝利して、第二次世界大戦後の1947年、中国共産党によって建国された新しい国家です。毛沢東が行った大量虐殺は、共産党の主義、思想を実現するための粛清だったのです。

中国の国家は、国内の不満が蓄積し、内部爆発が起きるほどに高まると、暴力と殺戮によって政権交代が繰り返されてきました。中国共産党は、それを恐れるあまり、国内の不満を外に向けようと、抗日を煽り続けています。

「中国人民抗日戦争記念館」や「抗日愛国戦争勝利」のスローガンに見られる抗日思想は、中国共産党に対する国内の不平を抗日にすり替える、共産党が常套手段として使うプロパガンダに他なりません。

中国国歌は抗日に立ち上がる青年を描いた映画「風雲児女《ふううんじじょ》」（1935年）の主題歌からつくられた革命歌曲です。中国は日本が決して行っていない南京事件を、30万人にものぼる大虐殺事件と嘘の話しを世界にばら撒き続けています。このような行為は、これまでに中国人が行ってきた数々の大虐殺を、ひた隠しに隠蔽する姿そのものです。

ジェノサイド

大量虐殺は、天道《てんどう》に反し人道《じんどう》に悖《もと》る令血、残虐な行為であり、現代では虐殺など許されるはずがありません。正義のためには許される虐殺もあり得る、核心的利益のもとには戦争による強奪も正義であるとする思想は、日本人の感覚では到底及ばない概念です。

しかし、現在でも中東やアフリカで、テロ組織ＩＳＩＳ（自称イスラム国、別名ＩＳＩＬ）やナイジェリアのイスラム過激派ボコ・ハラムによる虐殺が起こっており、規模は小さいものの本質では変わらないのです。

ジェノサイドという言葉があります。この意味は第二次世界大戦後につくられた概念で、「ひとつの人種、民族、国家、宗教などの構成員に対する計画的大量虐殺などの行為」に関することをいい、ジェノサイド条約において、集団殺戮罪として、１９４８年に国際法違反に規定されました。この条約は、過去において繰り返されてきた、大量虐殺を防ぐための国際条約といえるものですが、現在でもそれを無視する弾圧が幾つか見受けられています。

表－10で述べたように、中国政府による１２０万人以上に及ぶチベット人の虐殺や、新疆ウイグル自治区のウイグル人に対する、洗脳、虐待、強制不妊どの不当な拘束は、その悲劇を象徴するものです。新疆ウイグル自治区においては、累計１００万人以上のウイグル人が監禁され、この2年間でウイグル人の人口が１６４万人も激減したとされています。

ウイグル人へのこれらの行為に対して、２０２1年、アメリカ政府はジェノサイドにあたると認定したのでした。中国政府は、新疆人民２５００万人を含む中国人民に対する最大の侮辱である、と抗議しておりますが、ウイグル人への弾圧は紛れもない事実であるのです。

第5章

現代の時代相を考える

真の歴史を教えなかった日本

真の歴史を教えなかった日本

私たち戦後世代は、学校の教科で国史の授業はありませんでした。歴史の教科は、日本史と世界史でした。私たち世代は、日本史という言葉に何の疑問も抱かずに大人になった訳ですが、ふと、自国の言葉を学ぶ教科は国語というのに、自国の歴史を学ぶ教科を、なぜ国史と言わないのか疑問に思ったことがありました。

それについては、戦後、ＧＨＱにより国史の教科が禁止されたことが原因であると知りました。占領が解除された後も、国史教育は皇国史観の押し付けで戦争賛美の教育であるとして、歴史学者や教育学者が、こぞって国史教育を否定していることが、主な原因であるのです。

そのため、戦後生まれの私たちは、日本最古の歴史書である古事記や正史とされる日本書紀を教えられることなく育ち、当時は、これらの歴史書は偽書であり、学ぶ必要がない、という風潮が蔓延していたように思われます。

日本人として、日本の国の生い立ちを学び、日本の国を建国した皇室の歴史を教わり、悠久の時代から続く世界最古の王朝国家に生まれた誇りを持ち、私たちの先祖が長い時間かけて培ってきた、「日本人かくあるべし」という伝統、文化を後世に伝えていくのは、とても大切なことであるのです。

GHQによる徹底した検閲

昭和21年11月に日本国憲法が発布されました。憲法21条には「集会、結社、及び言論、出版その他の一切の表現の自由はこれを保障する。検閲はこれをしてはならない。通信の機密はこれを侵してはならない」と規定されています。ところが憲法が発布された後も、昭和27年に占領が解除されるまで、GHQによる検閲は徹底を極め、あらゆる分野におよんでいました。まさにGHQは自分で起草した憲法違反を平然と行っていたのでした。

この検閲制度は占領軍、言い換えるとアメリカによる日本人改造計画にほかならず、その目的とするところは、日本を弱体化させアメリカの言いなりになる隷属国家にすることでした。検閲政策により本来の日本人たるべき特質はもろくも瓦解し、アメリカの目的は達成されてしまったのです。

戦前の日本は天皇を頂点とする軍国主義の国で、外国を占領しようとした悪の国である、とする自虐史観の思想が植え付けられました。

いま多くの若者が、戦後になって占領軍から言論の自由が与えられたと思っているのでしょうが、実はそうではなく、もともと日本ほど言論が自由で民主的な国家はなかったようです。

聖徳太子が推古12年（604）に制定した『十七条憲法』の第一条「和《やわらぎ》を以て貴《とうと》しと為し、忤《さか》ふること無きを宗《むね》とせよ」は、日本の政治の原点をなすものとして有名です。「やわらぎ」とは穏やかで平和であることを意味し、身分や思想で反発するのではなく、和《わ》を重んじ、活発な議論を行い、調和していく精神を説いたものです。このように日本は太古の昔から、本来の民主主義である「利他と和の心」で政治を行っていたことがうかがい知れるのです。

ただ国家の非常時に向かう戦前の一時期と戦中には治安維持法による言論取締りが行われていましたが、アメリカでも戦時中は国の統制を確保するため厳しい報道規制が敷かれていました。中国などの共産主義の国々は今でも言論の自由が全くありません。

プレスコード

プレスコードとはＧＨＱ占領下において行われた、新聞などの報道機関を統制するための規則で、「日本に与うる新聞遵則」又は「日本出版法」といいます。この規則によって、ＧＨＱの批判、原爆に対する記事などは発禁処分とされ、占領後期においては個人的手紙なども検閲されています。この憲法違反は当時の一般国民には全く秘密裏に行われたのでした。

これらの検閲は、連合国による日本占領の際に、彼らが行った戦争犯罪や原爆投下の責任を、すべて日本側にあるように仕向ける「攻撃的検閲」でした。

著名な文芸評論家で、大学教授であった江藤淳氏は、ＧＨＱによる「削除と発行禁止のカテゴリーに関する解説」に規定された、30項目にわたる検閲対象項目の内容をアメリカ国立公文書館分室の資料より明らかにしました。その中で特に重要な項目を記述すると、次のようなものがあります。

①連合国戦前の批判
②連合国最高司令部に対するいかなる批判
③極東軍事裁判における一切の批判
④日本の新憲法の起草にあたっての連合国最高司令部が果たした役割についての言及
⑤出版、映画、新聞、雑誌の検閲が行われていたことに対する言及
⑥アメリカ合衆国に対する一切の批判

ＧＨＱによりこれらの検閲規定が徹底的に実行された結果、日本人の心にアメリカは正しく、日本が間違っていたという自虐史観の思想が教育界、マスメディアにおいて繁殖し、今もなお、社会全体に色濃く残っていることを知らなければなりません。

不穏な時代の再来

地震・異常気象・パンデミック

経験したことのない巨大津波に襲われた2011年の東日本大震災（M9・0、死者2万1972人）から、早くも10年を迎えました。この地震は平安時代に起きた869年の貞観地震（M8・3、死者1000人）の再来ともいわれ、1995年の阪神淡路大震災（M7・3、死者6434人）も1000年に一度の内陸型断層地震といわれました。

直近では、2016年の熊本地震（M7・3、死者273人）、2018年の大阪北部地震（M6・1、死者6人）、同じ年の北海道胆振東部地震（M6・7、死者43人）と立て続けに大きな地震に襲われました。終戦後は比較的平穏であった日本の大地に、再び大地震が連発する冬の時代が到来しているかのようです。

近年の耐震技術の向上によって、震度6強から7程度の地震にも耐える建物が建てられ、既存の建物も耐震補強の進歩により大地震への備えが可能になってきました。しかし、これまでの建物に暮らす人々がほとんどを占めているのが現状で、約3分の1の建物は旧耐震基準（1950年ー1981年）のもとで建てられており、震度5以上の地震には倒壊するリスクが高いといわれています。

また、異常気象による集中豪雨や巨大台風により、河川の氾濫や堤防決壊、がけ崩れ、家屋の浸水など、さまざまな災害が多発し、各地で甚大な被害を生じています。これまでは地方での水害が多かったのですが、これ以上の豪雨に見舞われた場合、東京、大阪、名古屋など大都市の海抜ゼロメートル地帯で巨大水害が避けられないのです。一方、今日では昔のような飢饉に襲われることはなくなりましたが、温暖化による降雨バランスの乱れにより、毎年のように各地で頻発する水不足は、ダムの効果で大きい問題にならずに済んでいることを忘れてはなりません。

そんな中に発生した新型コロナウイルスは世界中に蔓延し現在でも大きな脅威を与えています。度重なる緊急事態宣言の延長により、国民生活への影響は深刻な状態が続いておりますが、この本が出版される頃には、鎮静化していることを願うばかりです。

このような状況は、規模は違うものの、昔の度重なる災害や疫病に苦しんだ不穏な時代を彷彿させるもので、科学や医学の進んだ現代においても起こることをあらためて知るところです。

尖閣を狙う中国、海警法の脅威

これからの中国の脅威は日本にとって最大の国難になるのは間違いありません。中国は日本の尖閣諸島を自分の領土と勝手に主張し、今にも襲い掛かろうと、虎視眈々と時期を狙っています。まさにその様相は、フビライ・ハンの元寇を彷彿させるものです。中国は国際法を無視してまでも、自国の法律に「海警法」なるものを定め、２０２１年2月1日に施行をはじめました。

この海警法は、海上で中国の主権や管轄権を侵害する外国の組織、個人に対し「武器の使用を含むあらゆる必要な措置」を講じることができると明記しています。適用範囲に曖昧な部分もありますが、南シナ海、東シナ海の海域は勿論のこと、尖閣周辺の日本領海の警備にあたる海上保安庁や操業する日本漁船を対象としているのは明らかです。

国際法を無視し中国側の判断で漁民を勝手に拘束し、中国の検察に移送する不安も拭えません。この法律はまさに、尖閣に対する日本の実効支配を崩そうとする法律といえるのです。

国難に対する日本のもどかしさ

このままでは、尖閣諸島周辺で日中間の偶発的衝突の危険性が高まり、一触即発の有事に発展しかねません。有事の際は、沖縄米軍は自衛隊とともに戦いの前線部隊の役割を担うことになり、沖縄の米軍基地は中国の格好の攻撃対象になるのです。

アメリカに「尖閣は日米安全保障条約の範囲内(注)」との言質をもらい、ホッと胸を撫でおろす日本は領土・領海の守りをアメリカに頼り切っているもので、自国を自力で守ることができない、か弱き日本を世界に演じている姿に他なりません。

そのような日本をアメリカの隷属国家と揶揄する国々は多いのです。

(注) 日米安全保障条約

第5条 (抜粋・要旨) 米国の対日防衛義務を定めたもので、安保条約の中核的規定。「日米両国が日本国の施政の下にある領域における、いずれか一方に対する武力攻撃に対し共通の危険に対処するよう行動する」

第6条 (抜粋・要旨) 侵略に対する抑止力としての日米安保条約の機能が有効に保持されていくための規定。「日本国の安全並びに極東における国際の平和及び安全の維持に寄与するため、米軍が日本国において施設・区域を使用することを許されている」

鎌倉時代の元寇は、地震、洪水、疫病、飢饉と災害が次々に起きる世の中が混乱していた時代に起きました。今の時代も度重なる天災に瀕しており、昨年初めから続くコロナ禍を含めると、時代が違うとはいえ、先に述べた、立正安国論の冒頭の言葉を彷彿させるものです。

そのような中にあっても、国会での議論は、中国の脅威に対する懸念や安全保障など、国の根幹にかかわる議論は皆無に等しく、相変わらず、週刊誌で報道されたゴシップや疑惑報道の追及に明け暮れる状況は、憤りを通り越して、絶望感すら感じてしまいます。このままでは、日本の国の主権を守ることができず、尖閣諸島の領土、領海は中国の手中に落ちてしまうことが懸念されてなりません。

自衛隊による国の守り

自衛隊の任務は、第一に国防、第二に災害時の国民の生命と安全を守ることです。そして国際平和協力活動と地域の民生支援を行なうのも重要な任務として規定されています。

国の安全保障に関わる情勢がますます緊迫化する中で、地震災害や毎年頻発する水害に対して、自衛隊の救援（救助と援助）活動は国民の大きな支えとなっています。救助は人命救助をいい、炊き出し、給水なども含み、援助は仮設住宅や医療などの生活支援までに及びます。

3・11の東日本大震災においては、直ちに自衛隊の半数に及ぶ「10万人体制」のもとで救援活動が展開されました。この活動により3月20日時点で、1万9000人もの人々が救助されました。この数は救助された2万8000人の約7割にあたるものです。これには地震発生後の72時間以内に3万人の部隊を現地に急行させたことが大きく功を奏したといわれています。

しかしその渦中にも、東シナ海において海上自衛艦に対する中国公船からのヘリや小型機による異常接近、東北沖でのロシアの電子偵察機や戦闘機の活発な活動があり、航空自衛隊のスクランブル件数は大幅に増加し、警戒監視活動の強化を余儀なくされたのでした。

相手国の災害時の防衛体制を偵察する意味があり、災害時においても、国の防衛を一瞬たりとも疎かにできないことを知る事例です。国際関係はこれ程までに冷徹非情なものです。

天災は戦争の時も待ってはくれない

天災は戦争の時も決して待ってはくれません。このことは過去の歴史を見てよくわかります。敗戦が濃厚となった１９４４年（昭和19年）に昭和東南海地震（M８・０、死者１２２３人）が発生し、終戦の年の１９４５年（昭和20年）に三河地震（M６・８、死者３４３２人）、翌年の１９４６年（昭和21年）に昭和南海地震（M８・０、死者１４６４人）、そして１９４８年（昭和23年）に福井地震（M７・１、死者３７６９人）が容赦なく日本を襲ったのでした。戦時中は、この他にも１９４３年（昭和18年）の鳥取地震（M７・２、死者１０８３人）に見舞われています。

これらの教訓を糧に、南海トラフ地震や首都直下地震が、周辺国との有事の渦中に勃発するのも視野に入れて、国民の命と国防を考えなくてはならないのです。首都直下地震によって日本の国家機能が麻痺し、企業や通信インフラも壊滅的打撃を受け、南海トラフ地震の津波で多くの自治体の機能が失われることになるでしょう。超広域に及ぶ津波災害に対して、自衛隊が全域で活動するのは不可能なことです。

周辺国との有事と巨大地震が複合して起きるのが現実となった時、果たして日本に国を守る力があるのでしょうか。まさに愕然たる思いがするのです。

防衛能力からみた救援活動の限界

自衛隊の自衛官(注)は、2020年3月時点で合計22万7442人(陸上自衛隊13万8060人、海上自衛隊4万2850人、航空自衛隊4万2828人、統合幕僚監部3704人、定員24万7154人)です。これに防衛招集や災害招集などの有事に自衛官として活動する予備自衛官の約3万8000人(定員約5万6000人)を合わせると、実質規模は約26万5000人になります。

これに対して世界主要国の兵力(定員)は、表-11に示す「2020年軍事ランキング」(グローバル・ファイヤーパワー)によれば、アメリカ226万人、ロシア301万3628人、中国269万3000人、インド354万4000人、韓国(注)368万人とされており、わが国の10倍から、それ以上の兵力を擁していることに驚きを禁じえません。

(注)自衛官

自衛隊の任務を行う防衛省の職員。自衛隊員の中で階級と制服が指定され、武装して戦闘に従事する要員(武官)を指す。自衛隊法により「命を受けて、自衛隊の任務を行う」と規定されている。

戦闘機（機）	戦車（台）	主要艦艇（隻）	軍事費（億ドル）
2,085	6,289	490（空母 20）	7,500
873	12,950	603（空母 1）	480
1232	3,500	777（空母 2）	2,370
538	4,292	285（空母 1）	610
279	1,004	155（空母 4）	490
414	2,614	234（空母 2）	440
269	528	180（空母 4）	415
133	227	88（空母 2）	551
215	4,295	316（空母 2）	112
43	437	112（空母 0）	278
206	2,622	149（空母 0）	190
99	200	249（空母 2）	278
128	245	80（空母 0）	500
155	2,056	398（空母 0）	196
356	2,200	100（空母 0）	114

表-11　世界の軍事力　ベスト15位（2020年）

順位	国　名	軍事力指数	兵力（人）	航空戦力（機）
1	アメリカ	0.0606	2,260,000	13,624
2	ロシア	0.0681	3,013,628	4,163
3	中国	0.0691	2,693,000	3,210
4	インド	0.0953	3,544,000	2,123
5	日本	0.1501	303,160	1,561
6	韓国	0.1509	3,680,000	1,649
7	フランス	0.1702	451,635	1,229
8	イギリス	0.1717	275,660	733
9	エジプト	0.1872	920,000	1,054
10	ブラジル	0.1988	1,674,500	715
11	トルコ	0.2098	735,000	1,055
12	イタリア	0.2111	357,000	860
13	ドイツ	0.2186	212,650	712
14	イラン	0.2191	873,000	509
15	パキスタン	0.2364	1,204,000	1,372

軍事力指数とは人口、兵力、兵器数、国防予算、経済力など50以上の要素の総合点数。指数がゼロに近いほど順位が高い。兵力は定員数。核兵器は含まない。出典：グローバル・ファイヤーパワー（Global-Firepower）

（注）韓国男性に課せられる国防の義務「兵役」制度

すべての韓国の成人男性には、一定期間軍隊に所属し国防の義務を遂行する「兵役義務」が課せられている。実際の服務期間を「現役」又は「補充役」、除隊後の8年間を「予備役」、満40才までを「民防衛隊」といい、20才で入隊した場合、20年間の服役義務がある。兵力368万人の内、予備役を除く正規軍は約60万人といわれている。

ところが世界の軍事力ランキングで、日本の軍事力が世界の第5位にランクインされています。日本より兵力に勝る国も多く、韓国や他の国々と比べて兵力や航空戦力、戦闘機、戦車、主要艦艇の数に劣る日本が、なぜこのランクにあるのでしょうか。それは、日本は科学技術力と経済力がすぐれており、潜在的軍事力が高く評価されていることや、自衛隊に米国の最先端の武器や兵器が配備されており、それが日本の軍事力ランキングを押し上げる要因になっていると説明されています。但し、核兵器の保有についてはカウントされておりません。

東日本大震災の時、北澤俊美防衛大臣から「自衛隊は最大何人出せるのか」と問われた統合幕僚長折木良一氏は、「国防の観点から最大で12万から13万」と答えたと話しておりました。現在は外国、とりわけ中国の脅威がひっ迫してきていることから、有事が地震と重複する時期に起きる可能性は否定できません。最悪の事態を想定した時、日本をいかに守るかということに関して、叡智を働かせる以外に方法がありません。

そのためには日本の国民が心をひとつにして、与野党問わず、リベラルも革新もなく、主義主張にこだわらずに、国を守るという目標に向かって、可能な限りのことを為す覚悟を示さなければ、日本は守れません。そのことを過去の歴史は教えています。

国の存亡をかけた国際的行動

今や世界の覇権争いの舞台は、香港問題を契機に、中東から東アジアに移っています。中国の不穏な行動に歩調を合わせたかのように、ミャンマーのクーデターが起こりました。また、アメリカ軍のアフガニスタンからの撤退に伴い、中東、南アジア全域でテロリストの復活や過激派の勢力拡大を招く状況になっており、一気に不安定な様相を呈しています。

台湾や尖閣諸島の情勢においても、このまま進めば中国との有事は避けられず、アメリカとともに、日本は中国を相手に戦うことになってしまいます。ロシアや北朝鮮も隙あらば、米中の覇権争いに参画してくるでしょう。これはもはや、台湾や日本を生贄にした世界戦争ともいえるもので、日本の領土も決して安全ではありません。

毅然として、正すべきことを国際社会に訴えて、「正義と秩序と国際平和」を謳う憲法の精神に基づき、日本の本領を発揮する時が来たのです。いまこそ、日本が世界平和を果たすけん引役になる時であり、それこそが日本の果たすべき役割であるのです。

国の総力を結集して、真の平和を目指し、あらゆる叡智を出さなくてはなりません。そのための国際的行動こそが、日本が世界に認められ、中国の覇権的行動に楔を打ち込む唯一の方法なのです。私たちはそのことの大切さを第二次世界大戦の敗戦で知ったのです。

専守防衛と永世中立国

永世中立国と日本との違い

永世中立国とは自ら戦争をはじめないこと、他の国家間のいかなる戦争にも参加せずに中立を守ることが、国際的に承認されている国家のことです。現在、スイス、オーストリア、ラオス、トルクメニスタンの４カ国が永世中立国として認められているといわれています。

中立国は他国との軍事同盟や、集団的安全保障条約の当事国になることはできません。しかし、憲法で戦争放棄、戦力不保持が規定されている日本とは違い、軍備の保持、武力行使は認められています。それは、自国防衛や中立を守るためには必要不可欠とされているからです。

スイスは自国防衛のため、国民皆兵制度があり、18歳から34歳までの男性に兵役が義務付けられています。スイス兵士は自宅にライフル銃や手りゅう弾が支給されており、有事の際には直ちに出動するよう規定されているのです。スイス国民８００万人全員が収納できる核シェルターも確保されています。

ドイツ、フランス、イタリア、オーストリア、リヒテンシュタインに挟まれ、その真ん中に位置するスイスは武装中立を維持することで、第二次世界大戦の時でも、戦禍を避けることができました。日本においても、永世中立国の議論がなされたことがありましたが、昭和27年サンフランシスコ講和条約と日米安全保障条約が締結された時点で、この議論は終わりました。

これに対して、日本は憲法第9条により「戦争の放棄」と「戦力及び交戦権の否認」が規定されています。

◇憲法第9条

(戦争の放棄) 日本国民は、正義と秩序を基調とする国際平和を忠実に希求し、国権の発動たる戦争と、武力による威嚇又は武力の行使は、国際紛争を解決する手段としては、永久にこれを放棄する。

(戦力及び交戦権の否認) 前項の目的を達成するため、陸海空軍その他の戦力は、これを保持しない。国の交戦権は、これを認めない。

この規定により、日本は戦争を行なうための武力は持たず、専守防衛のみに徹する不戦国としての立場にあることは、周知の通りです。この憲法を一部の人達は「平和憲法」と称して、戦後の日本の平和と安全は憲法第9条によって守られてきたと主張しています。しかし現実は決してそうではなく、在日米軍と自衛隊を担い手とする日米安保体制によって、日本の安全が守られているのです。

平和憲法だけで日本は守れない

主義主張や核心的利益のためには武力制圧をも辞さない隣国から、永世中立国でない日本の国が、なぜ攻撃を受けることがなかったのか、本当の理由を知らなければなりません。

「平和憲法で平和が保てるならば、台風の日本上陸禁止も憲法に書いてもらえば安心して寝られる」と皮肉をこめて憲法の欠陥を指摘した、田中美知太郎氏（哲学者、京都大学名誉教授）の有名な言葉を思い出します。

著書『敢えて言う』（中央公論社）の中で「平和というものは、われわれが平和の歌を歌っていれば、それで守られるというものではない。いわゆる平和憲法だけで平和が保障されるなら、ついでに台風の襲来も、憲法で禁止しておいた方がよかったかもしれない」と述べていたものです。

専守防衛は相手国の思うつぼ

専守防衛とは、憲法第9条に対する憲法解釈として生まれた概念で、その文言自体が憲法に規定されているものではありません。専守防衛は自衛軍たる自衛隊の存在を肯定するための用語です。

攻撃相手と互角に戦える軍事力を有する国であれば、専守防衛の概念は成り立つでしょうが、攻撃力が格段に高い国との交戦においては、専守防衛は成り立つはずがありません。攻撃されたと同時に防衛側は壊滅してしまいます。現在の中国、ロシア、北朝鮮の国々と日本はまさしくこの関係にあります。相手の国は絶対に勝てるのです。

それを補完する意味で、日米安全保障条約により、米国は「矛《ほこ》」で日本の自衛隊は「盾《たて》」という役割分担がなされてきました。しかし、それを見事に打ち砕いたのはトランプ大統領（当時）の言葉で、「日本も自国を守るための意識に目覚めよ」とする強烈なものでした。

専守防衛を有効ならしめるためには、相手よりも強い防衛力を持つことが必要です。そのうえで、平和を希求する国でなければなりません。日本の防衛力はこれまではアメリカに依存してきましたが、もう今では中国はアメリカに迫る力をつけてきており、これまでの専守防衛の延長線では日本を守れないことが明らかになってきました。

遅々として進まない憲法改正論議を一日も早く終え、日本国民が一致して国を守る立場でこれからのあるべき方策を定め、中国に負けない国づくりに邁進することを願ってやみません。

真の積極防衛への転換

中国の力による現状変更、ロシアの復活、北朝鮮の核・弾道ミサイルなど、周辺諸国の脅威は日を追うごとに増すばかりです。中国が核心的利益として位置づける現状変更は、中国共産党の絶対的目標であるため、その旗をおろすことは決してありません。

中国はロシア、北朝鮮を味方につけ、アメリカが主導する自由主義国家との覇権争いに挑むのは必至の情勢です。その渦中にあって、日本は尖閣諸島の領土、領海を守るべきことから、その戦いの最前線に立たされようとしています。

盾と矛と書いて矛盾という言葉があります。この言葉の語源は、完全な盾と矛は存在しないというものです。『韓非子《かんぴし》（注）』の故事で「どんな盾も突き通す矛」と「どんな矛も防ぐ盾」はないという意味です。つまり、完全無欠な盾と矛はどこにも存在しません。結局、強大な「力と力」の戦いは人類を滅亡に追いやるものでしかないのです。

（注）『韓非子』は、中国戦国時代の法家である「韓非」の著書。

有名なマキアヴェリの言葉があります。その著書『君主論』は権力のリアリズムを説いたもので、「国をまとめる目的のためであれば、国のトップに立つ君主は、いかなる手段であってもそれを積極的に用いるべきである」と述べています。

つまり、どんな手段や非道徳な行為であっても、国家の利益を増進させるものであれば許される、という考えをマキアヴェリズムといい、今の国家間の争いはこの考えのもとに行動しているのです。この考えが正義とされる結果として行き着く先は、人類の崩壊しかありません。国連の常任理事国の決議の場は超大国の国益を主張する場にすぎません。その顛末は、第10章の「このままでは世界は終わる」で述べている、人類の終末が待っているかのようです。

積極防衛という言葉がありますが、真の積極防衛とは負けないための武力拡大を積極的に進めることではなく、相手に攻撃させないための急所に届く防衛力の構築と、日本の国民が一枚岩となりどんなことがあっても、国を守るという姿勢を内外に示すことです。

そのうえに立って、「真の世界平和」を世界に訴え、日本自身が大きな役割を演ずることこそが、積極防衛の本質であるのです。日本は自国の存亡をかけて、世界に向かって動くべき、いよいよの時期に直面しているのです。

基本的人権と国防の義務

基本的人権と平等権及び国民の義務

日本国憲法における基本的人権と平等権及び国民の義務の定めは以下の通りです。

◇憲法第11条（基本的人権の享有）

国民は、すべての基本的人権の享有を妨げられない。この憲法が国民に保障する基本的人権は、侵すことのできない永久の権利として、現在及び将来の国民に与えられる。

◇憲法第12条（自由及び権利の保持の責任とその濫用の禁止）

この憲法が国民に保障する自由及び権利は、国民の不断の努力によって、これを保持しなければならない。又、国民は、これらを濫用してはならないのであって、常に公共の福祉のためにこれを利用する責任を負う。

◇憲法第13条（個人の尊重と公共の福祉）

すべて国民は、個人として尊重される。生命、自由、及び幸福追求に対する国民の権利については、公共の福祉に反しない限り、立法その他の行政のうえで、最大の尊重を必要とする。

◇憲法第14条（平等原則、貴族制度の否認及び栄典の限界）

すべて国民は、法の下に平等であって、人種、信条、性別、社会的身分又は門地により、政治的、経済的又は社会的関係において、差別されない。

2　華族その他の貴族の制度は、これを認めない。

3　栄誉、勲章その他の栄典の授与は、いかなる特権も伴はない。栄典の授与は、現にこれを有し、又は将来これを受ける者の一代に限り、その効力を有する。

また、憲法には国民が守らなければならない義務と責任について、教育の義務（第26条第2項）、勤労の義務（第27条第1項）、納税の義務（第30条）が規定されています。つまり、憲法は人権の享受や法の下の平等を主張するだけでなく、果たすべき義務と責任を教えています。

しかし、最も大事な国を守る国防に関する義務については、憲法は何も規定しておりません。独立国である以上当然あってしかるべき規定がないのです。

国防の義務がない日本

言うまでもなく憲法の目的は、国民・領土・主権からなる国家の生存と安全の確保であり、民主主義国家では主権者たる国民にそれを守る責任を求めています。ところが日本の憲法は、国家の生存と安全の確保をはかるために最も大事な、国防の義務についての責任を放棄した憲法であることを知らなければなりません。

憲法による国防の精神は「正義と秩序を基調とする国際平和を忠実に希求する」とされています。この正義と秩序を基調とする国際平和が保てない時には、国防の義務が規定されていないわが国は、一体どうなるのでしょうか。国民は国を守る義務がないため国の守りをアメリカと自衛隊に押しつけて、たとえ虐殺されようと、領土・領海を奪われようとも、拱手傍観する以外にないのです。

このまま行くと、それが現実になってしまいます。国民の大半がそれで良いというのならば民主国家である以上、やむを得ないことかもしれませんが、それで良いはずがありません。国民が一日も早くそのことに気づき、一致団結して国を守る姿勢を世界に示さなければならないのです。それ抜きに国を守ることはできません。

第6章

国のために立ち上がれ

国のために立ち上がれ

国のために立ち上がれ

日蓮は立正安国論を説き、元寇を予言したものの、法華経の教え以外は認めず、法華経に帰一することのみが、日本を国難から救うことができると主張しました。そのため、他宗からの激しい迫害と幕府の弾圧が続き、国論をひとつにまとめあげることができませんでした。

しかし、日蓮の命をかけた予言と諫言によって、国難に対する危機感は最高潮に達し、朝廷と幕府、宗教人、民衆とが、国を守ることに対してはひとつにまとまり、元寇に対する構えができたのです。それによって日本の国が救われました。今の時代にも、国を守り、国民を守る宗教人が現れて欲しいと願わずにはおられません。あらためて「宗教人よ、万教帰一のもと、国を守るために立ち上がれ」と警鐘を鳴らすものであります。

宗教のあるべき姿

日本の古代からの教えは、大自然の摂理と神々の教えを説く惟神《かんながら》としての神道が中心でした。仏教は第29代欽明天皇（在位539-571）の時代に中国から伝来し、第33代推古天皇（在位593-628）の時代に朝廷の庇護を受けて隆盛を極め、日本独特の神仏混合の文化が今に続いています。

江戸時代末期になると天理教が生れ、明治の中頃に大本教が興り、大本教から多くの新興宗教が派生しました。仏教も新興宗教も、開祖によって理念とする教えが異なっており、宗教間の軋轢と紛争が絶えない、不毛の時代が長く続きました。俺たちの信ずる仏や念仏、お経が絶対であり、私たちの信ずる神こそが本当で、他の宗教では救われない、と相容れないものでした。

もとより宗教は、個人を救い、病、貧、争のない幸せな家庭と国の平和と安寧の実現を目的とするものです。その目的のために、各宗教は開祖の教えを信じ、祈りと修行、日々、自らの行ないを正し、天に恥じない人間として、生きて行くことを教えてきたのです。それは、神道も仏教も、どんな新興宗教でも同じでありましょう。

敢えて付け加えれば、このような精神は、日本人が昔から教えられてきた日本固有の精神ともいえるものでした。しかし今の私たちはどうでありましょうか。

自由、平等、基本的人権のもと、個人の自由の権利が何よりも大事と育てられた現代人は、国を守り、国民を守るための行政指導に不満を述べ、憲法や法律で定めていないことには従う必要もなく、保障しろ、さもなければ、個人的権利のもとで自由に振る舞う、という間違った思想が、一部で大手を振っているように感じられます。

マスコミやテレビはそれを際限なく報道して、世論を煽っているように感じるのは私だけではないでしょう。このような風潮は厳に慎まなくてはならず、鎮静に向かうよう努力する姿勢が日本人の本来の姿であるのです。

世論調査による国民の宗教観

表−12は『特集新宗教』(週刊ダイヤモンド社、2009年9月12日号)による「全宗教法人信者数ランキング」に基づき、田頭寛氏(西野神社権禰宜)により編集された『信者数上位150位の宗教法人一覧表』から、上位25教団を示したものです。当時の人口は、1億2751万人でしたから、この表だけでも、日本の人口を超えており、末端の宗教法人まで含めれば、人口をはるかに上回ってしまいます。

表 -12　信者数上位 25 教団

	分類	教団名	宗教団体数	所在地	信者数
1	神	神社本庁	79,012	東京都	68,053,757
2	仏	幸福の科学	1	東京都	11,000,000
3	仏	創価学会	1	東京都	8,270,000
4	仏	浄土真宗本願寺派	10,280	京都府	6,940,967
5	仏	浄土宗	7,071	京都府	6,060,900
6	仏	立正佼成会	591	東京都	4,288,466
7	仏	高山真言宗	3,515	和歌山県	4,108,500
8	仏	日蓮宗	5,172	東京都	3,853,592
9	諸	天理教	35,797	奈良県	1,635,486
10	仏	霊友会	3,017	東京都	1,577,086
11	仏	曹洞宗	14,581	東京都	1,553,418
12	仏	天台宗	3,342	滋賀県	1,530,000
13	仏	佛所護念会教団	14	東京都	1,434,177
14	仏	顕正会	1	埼玉県	1,350,000
15	仏	真宗大谷派	8,800	京都府	1,310,000
16	神	出雲大社教	225	島根県	1,260,603
17	仏	真言宗豊山派	2,647	東京都	1,208,687
18	諸	世界救世教	706	静岡県	1,031,506
19	諸	PL 教団	448	大阪府	1,009,722
20	仏	妙智会教団	11	東京都	957,099
21	仏	真如苑	116	東京都	859,759
22	諸	大山祇命神示教会	1	神奈川県	800,000
23	諸	生長の家	129	東京都	711,427
24	諸	崇教真光	1	岐阜県	650,000
25	仏	信貴山真言宗	182	奈良県	586,900
			合計　132,042,052 人 但し、創価学会のみ世帯数で合計値は世帯数を人として換算した。		

出典：『西野神社社務日誌』田頭寛、西野神社
『特集新宗教』週刊ダイヤモンド社

調査の信頼性に疑問があるものの、逆にいえば、日本人のほとんどの人が、何らかの形で宗教に関わっている、信心している、関心を持っている、といえるのです。ところが世論調査では、この数字とは乖離した状況で、宗教に関心がない、無宗教と答える人が大半なのです。

ＮＨＫ放送文化研究所が２０１８年に行った「全国18才以上、２４００人対象にした宗教に関する調査」（『日本人の宗教的意識や行動はどう変わったか』放送研究と調査、２０１９年４月）によれば、信仰を持っている日本人の割合は36％であったと発表されています。それでも約４割近い人達が信仰を持っていると答えています。

その内訳は仏教31％、神道３％、キリスト教１％、その他１％とされていました。一方、信仰心がないと答えた人は、59歳以下は男性が70％、女性が55％で、若い人ほど信仰心がないという調査結果は大変気になるところです。

ところで、信仰を持つと答えた人の宗教観はどのようなものであるのでしょうか。現代人の宗教観は、先祖供養、家内安全、事業隆盛、個人の成功を願う祈願の対象か、神社、仏閣がパワースポットであるように思って参拝する人が多いのではないでしょうか。勿論、そこに参拝して、神や先祖を敬い、心を清めて、これからの行く末を祈願することはとても大切なことです。

かつて、日本人の心の形成に多大な影響を与えていたのは、町や村のお寺や神社でした。そこでは、住職や神主が地獄と極楽、天国を教え、子供たちに人としての道を諭し、道徳教育をしてくれました。しかし今では、檀家制度も崩れ、極論すると、仏教やお寺は人が死んだ時に必要なもので、葬式と命日、お彼岸にお参りして、先祖の供養と家族の子孫繁栄を祈る場所、そんな風潮さえも感じる現代であります。

宗教の教えとは、大自然の神々や仏と先祖に畏敬の念を捧げ、自分たちを律する心で、世のため、人のためという利他の精神のもと、国家の平和と安寧を祈り、家族と個人の幸せを希求し、人として行動する原点を教える拠りどころ、と信じるのであります。

日本は治《し》らす国

日本は「治らす国」として誕生した国です。武力による力の統治ではなく、天皇と国民がひとつになり、相互に敬い、徳の精神で国を治めて行く国柄でした。

しかし、国の平和と安寧を守るための正義の力は必要です。それ故、古代から伝わる天皇の「御印」である三種の神器でも、ヤタノ鏡とヤサカニノ勾玉に加えて、神剣としてアメノムラクモノ剣が伝わっているのです。もし元寇の役が平安時代に起きていたら、間違いなく日本は元に征服されていたことでしょう。幸い、本格的な武家政治ができており、鎌倉武士団の戦いがあったからこそ、元の侵略を防ぐことができたのです。
国を守るための「盾」として、外国の武力に対抗できる「矛」を保有することは国の主権を守るうえで必要なことです。それは、人類の大量虐殺の歴史を知れば納得できるものです。虐殺は決して過去の物語ではなく、現在にもみられる人類の避け難い「業《ごう》」といえるのです。

宗教と政治

宗教と関係する政党に公明党があります。政教分離の原則から宗教とは関係ない政党とされておりますが、言わずもがな、公明党は宗教法人・創価学会の会員信者に支えられた大政党です。公明党の議員は、国会議員であれ、地方議員であれ、議員の前に、創価学会員であり、宗教人というべき方々です。ただ、国民政党の立場から、学会員でない議員の方も含まれているようです。

公明党の理念は「生命・生活・生存を最大に尊重する人間主義を貫き、人間・人類の幸福追求を目的とする」と謳っており、その根っことするところは、心正しく、国を思う日本人を育て、個人の幸せと国を守り、国民の安全と安寧を守ることを、最大の使命とする政党だと信じて疑いません。

そのためには外国の脅威が迫る中、個人救済の次元にとどまらず、どのようにしたら国民が一丸となって、国を守ることができるのかを、他の政党とは一味違う真っ当な政党として、現代の風潮に妥協することなく、本来の国のあり方を示す政党であることを望んでやみません。


中国をはじめとする外国からの脅威だけではありません。日本を壊滅させてしまうほどの巨大地震や都市水害がひっ迫する中、これらの天変地異に対して、日本人として、宗教人として日々、どのように国を思い、何を為すべきかを教え、国民に見本として示すことが何よりも大事であると考えます。宗派を超え、国家・国民のために行動することの重大さを是非、訴えて欲しいものです。

このことは宗教団体に限らず、修養団体、ボランティア団体、心ある組織や団体、そして日本人が心をひとつにして、国を守るために立ち上がらなければならないのです。

南無妙法の真髄

南無妙法の真髄

創価学会は日蓮が現した南無妙法蓮華経の文字曼荼羅を御本尊とし、南無妙法蓮華経と読経・唱題することにより、仏陀の境地に達すると教えています。（創価学会公式サイト）

南無妙法蓮華経とは、日蓮が覚知された万人の苦悩を根本から解決する法で、「宇宙と生命《いのち》を貫く根源の法」と教え、釈迦はこの「永遠にして不変である根源」を自身の生命の内に覚知したことにより、仏陀になったと教えています。

「生命を貫く根源の法」は、生死を超えるものであり、決して失われたり壊されたりするものではなく、万人の生命に本来、具わっているものです。

それでは、「宇宙と生命を貫く永遠にして普遍である根源」を自身の生命の内に覚知するとは、どういうことなのか、生命の内とは一体どこなのか、このことについて、あたらしい道の教え主「松木草垣女史」の教えを踏まえて、少し述べることに致します。

南無妙法の神秘

正しい仏法の教えや天の理に基づき修行すると、「みたま」はお胸に上昇して、臍の内裏《だいり》が「真空妙有」になり、天地合体の姿が実現します。この「真空」の場は大宇宙との交流が可能となる不思議な世界をいい、それによって「南無妙法」の神秘が実現します。

妙とは神秘な無限力をいい、南無妙とは天の摂理と一体となった無限で神秘なもの、法とは妙の実現する力と働き、蓮華とは地上に開く調和の花をいうのです。この理念こそが、日蓮が教えた究極の世界であり、人類が救われる理想郷なるものでありましょう。

南無妙の無我の境地で、世のため人のためと、身を粉にして世の大波に向かって櫓を漕ぐ、そういう人に「南無妙法」の神秘が生れます。無私、無欲、利他の心で、祈る思いは天に通ずる。これこそが、「宇宙と生命を貫く根源」を覚知した仏陀の境地であり、天地合体した究極の姿です。

私たち人間は、大宇宙に対し小宇宙といわれます。人間の肉体は神秘の産物で、大宇宙の神秘がそのまま濃縮された状態で存在しています。

人間の体には宇宙が存在し、神秘な力が宿る

人間の生命の内に宿る「みたま」は大宇宙が私たちの肉体に根をおろしたもので、親から親へと先祖に繋がる永遠不滅の存在で、前世、現生、来世と続く、時空を超えた高次元の存在です。

このことを、解剖学の権威者である三木成夫博士（東京芸術大学教授1925-1987）は、「人のすべての内臓は宇宙に繋がり、心は体の中にある」と教え、「心」は脳科学で説明できない「そこはかとない」ものと喝破しました。「そこはかとない」とは、何となくあることが感じられるが、物理的には特定できないことをいいます。「みたま」も「そこはかとない」ものでありますが、実はそれこそが宇宙に繋がる根源なのです。

人間の体には宇宙が存在し、神秘なネットワークが形成されており、人間の内臓はすべて宇宙に繋がっています。「みたま」は生きている時も死んだ後も存在する永遠不滅のものです。生まれながらにして、神や仏の化身《けしん》といわれる人がいますが、それは徳の高い「みたま」を持つ先祖の生まれ変わりを意味する言葉です。私たちの「みたま」は輪廻転生を繰り返しており、親から親へと無限に繋がり、天なる創造主神にまで行き着く絶対的存在です。

宇宙と生命を貫く根源

宇宙と生命を貫く根源

宇宙と生命を貫く根源を示すと、図－４のような関係をイメージできます。この図は大宇宙と小宇宙たる人間が見えない糸によって繋がっていることを教えています。

大宇宙を構成する太陽、月、地球をはじめとするすべての星々、人間や生物、植物はことごとく、天である創造主神の神秘の力によって生まれ、生かされています。

大宇宙の根源は天である創造主神であり、それは天の臍、万物の元根《もとね》に相当するもので、人間は創造主神に繫がる「みたま」によって生かされています。「みたま」は生命の根源として人間の臍の内裏に宿り、「人間の根」の働きを持って私たちの肉体を生成化育しています。

「宇宙と生命を貫く永遠《ゆえん》にして普遍である根源の法」とは、まさに、この関係を教えるもので、釈迦が仏陀と呼ばれる所以は、釈迦自身の「みたま」が最高位の仏に上昇し、創造主神と合体した究極の境地、すなわち「天地合体」した姿をいうのです。

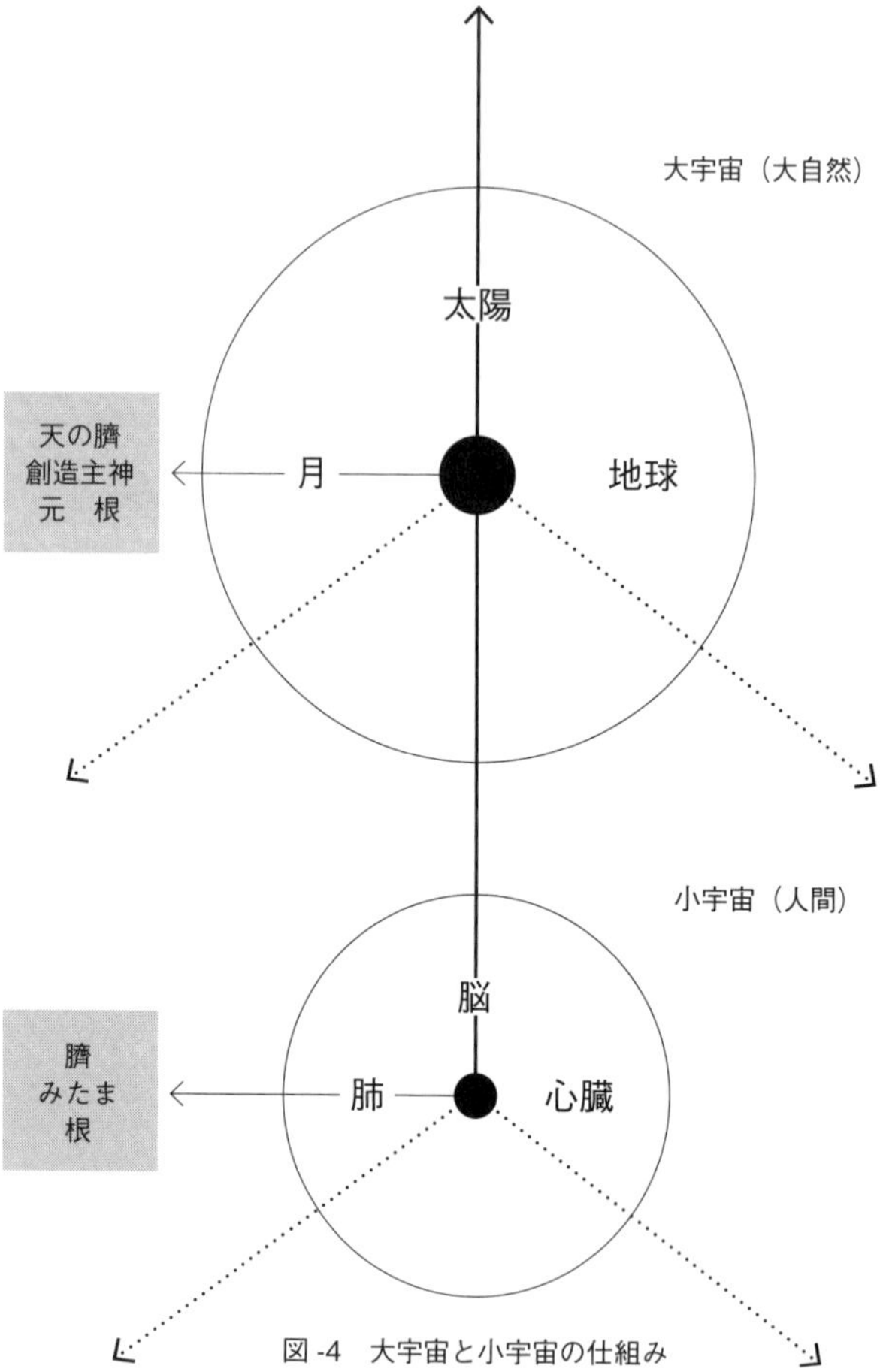

図 -4　大宇宙と小宇宙の仕組み

今日までの人類は天を仰ぎ、神や仏を拝する一方的な「絶対妙」しか知らなかったのです。人は誰でも自分の生命の内に神（仏）が存在しています。その神（仏）こそ「みたま」のことであり、理であり、妙であるのです。宇宙の神秘は「絶対妙」であり、これに対して、人間の「みたま」は「相体妙」の関係にあるといえます。

小宇宙の仕組み

図－５に小宇宙（相対妙）としての人間の仕組みを示します。「みたま」は腹脳として、私たちのお腹の臍下丹田にあって、脊髄に繋がり、脊髄は脳幹を通して脳髄（頭脳）に繋がっています。「みたま」は人間にとって大宇宙に繋がる「無限中心」の働きを持つものです。脊髄は体の中枢神経の基盤になっており、体の情報は、脊髄を通して脳に送られ、脳から再び脊髄を通して体に指令が送られます。

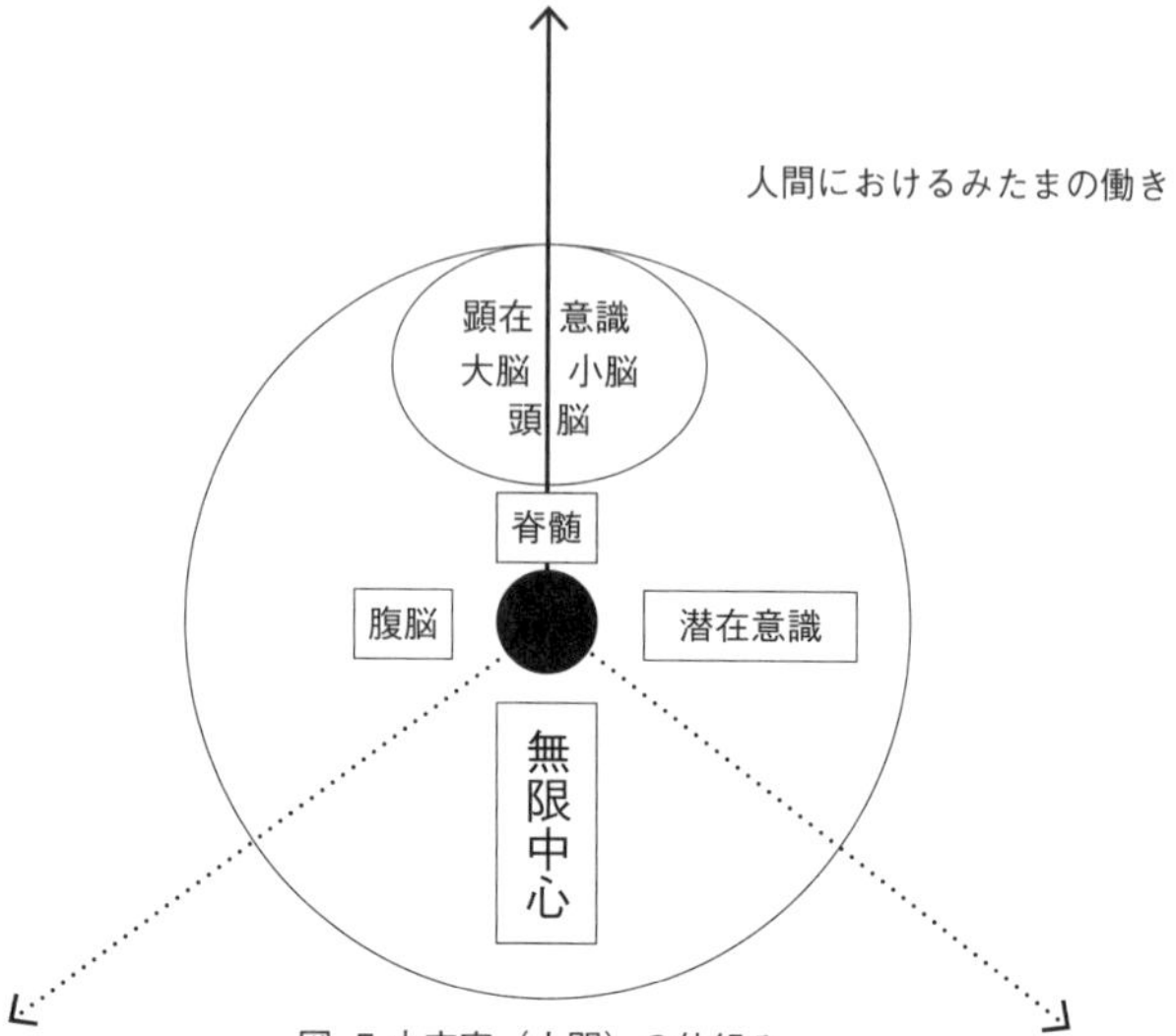

図 -5 小宇宙（人間）の仕組み

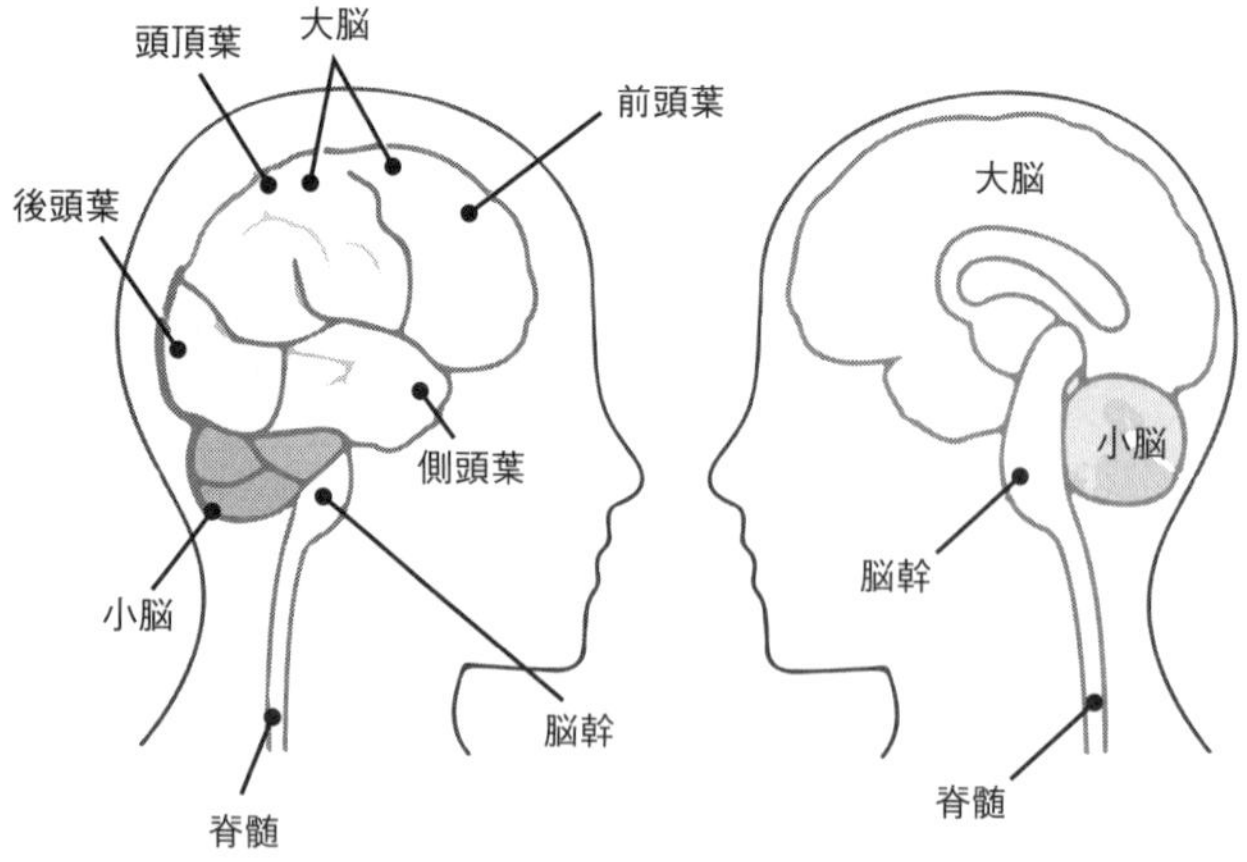

図 -6　脊髄と脳幹の関係

脊髄は髄液で満たされており、脳髄と繋がる中心管は髄液の中を浮いています。「みたま」が清まると髄液は霊髄に変わり、「みたま」から汲めども尽きない霊髄が湧くのです。霊髄は天から降り注ぐ神秘の甘露をいい、宇宙と生命を貫く根源から湧き出ずるお宝です。

自律神経の働きの根源は「みたま」にあり

図－7に示すように、私たちの神経は中枢神経と末梢神経からなっています。中枢神経は脳と脊髄、末梢神経は感覚神経、運動神経、自律神経からなり、自律神経は交感神経と副交感神経からなっています。自律神経は、循環器、消化器、呼吸器などの活動を調整するために、24時間働き続けている神経で、体の活動時や昼間に活発になる交感神経と、安静時や夜に活発になる副交感神経とがあり、そのバランスが損なわれると自律神経が乱れ、体に不調が現れます。

自律神経は全身のほとんどの器官を支配しており、感覚・運動神経とは違い、大脳の意識的な命令から独立して働いているので、内臓や器官を本人の意志で自由に動かすことはできません。無意識に呼吸をしたり、食べ物を消化したり、心臓が休みなく動いているのは自律神経の働きによるものです。交感神経の中枢は脊髄にあります。脊髄の両側には交感神経幹が走っており、脊髄から出た神経繊維はここに入って、各臓器へ分布しています。副交感神経は脳神経の抹消や脊髄の下の仙髄にあって、脊髄を通して全身に分布しています。

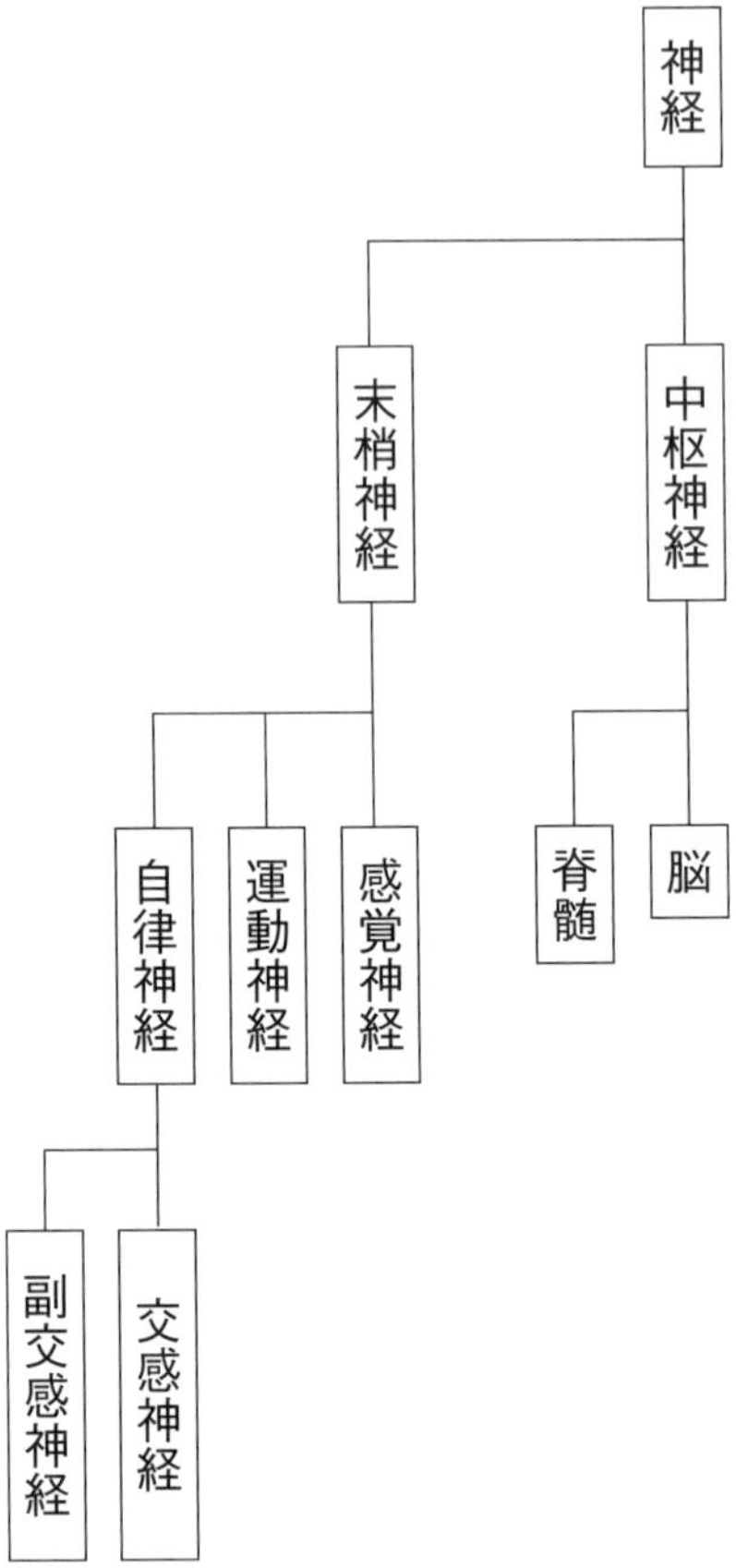

図 -7　中枢神経と末梢神経

脊髄の働きは「みたま」を磨く事により活性化し、生まれた時のように生命力溢れる体に蘇えります。

「みたま」を磨くと神秘な働きとなる

「みたま」の存する具体的な場所は臍の内裏にあって脊髄に繋がり、天の創造主神にまで繋がる神秘なものです。「みたま」は磨かれると働きとなり、先祖が「みたま」を通して加勢するようになるのです。私たちの「みたま」は先祖に繋がり、誰しもが先祖と交流できる神秘の力を持っています。

私たちの生きる世界は3次元ですが、実際は4次元です。さらにいえば5次元、6次元……と続く高次元の世界にいるのです。4次元は縦、横、高さに時間の概念を加えたものですが、高次元の世界は時間軸が無数に存在する世界です。つまり、われわれが住む宇宙には、時空を超えた高次元の世界が存在しているのです。

古事記で教える高天原に最初になった天之御中主神《あめのみなかぬしのかみ》(注)とは、天の中心である創造主神のことをいいますが、人間の生命の根源である「みたま」は、天之御中主神の「分けみたま」なのです。

天之を省いた御中主神とは自分のお腹（御中《おなか》）にいる神のことをいうのです。

(注) 天之御中主神の「天之」は大宇宙をいい、天之を省いた御中主神は人間の生命に宿る「みたま」のこと。

根の教えは救いの理

根の教えは救いの理

終戦後に多くの宗教が生まれました。これらの宗教は、昔からの古来の神道や仏教と区別して新宗教と呼ばれました。戦後社会の混乱と将来への不安の中で、なんとかして救われたい、幸せになりたい、偉くなってお金持ちになりたい、医者で良くならない病気を治したい、といった「おかげ信仰」が主流でした。

これは助かることに主眼を置く鎌倉時代の念仏宗教を彷彿させるものです。しかし、日蓮はこのようなおかげ信仰を真っ向から否定し、正しい教えのもと、法華経の教える通り、正しい心根《こころね》を持ち、法華経の精神に従って生きることこそが、国を救い、我が救われると説いたのでした。それこそが、立正安国論の真の精神でした。

江戸時代の末期に天理教が出現しました。天理教祖「中山みき」は、やがて「根が現れたら恐れ入るぞよ」と予言し、末世《まっせ》の時代に「根の神」が出現し、世の中を救うと教えました。「根の神」とは創造主神の働きを持つ「根本の神」のことで、樹木にたとえれば、木の根に相当する神をいいます。

釈迦が覚知した「宇宙と生命を貫く永遠にして普遍である根源」の教えとは、人間が生きるために必要な「根の教え」のことをいい、生命に宿る「みたま」を覚知することに他なりません。「みたま」の存在を知り、「みたま」が働く人間になってこそ我が助かり、日本の国が救われるのです。

日本は根の国

日本列島はマグマの奮発によってユーラシア大陸から分かれた後、深い太平洋の底に根をおろした神秘な国です。日本の富士山は、太平洋の底に根を張った活火山で、エベレストやモンブラン、取引先物流会社Aなど外国の山とは全く異質な存在です。そのような日本列島の生い立ちを、神秘的な言葉で比喩すると、日本は広大なユーラシア大陸を胎盤とする世界の臍で、「世界の根」に相当する国柄というのです。

上空から日本列島を眺めると、図－8に示すように、富士山（注）を中心に東西に翼を大きく広げ、深い太平洋の地の底から舞い上がる鳳凰の雄姿に重なります。その姿は、世界に融和をもたらす平和の使者のイメージを感じさせるものです。

(注)富士山の最高峰「剣が峰」は日本列島のほぼ中央位置にあたる。

このような国に生まれた国民が「みたま」という人体の高天原《たかまがはら》を覚知し、日本の国の中心である天皇を自覚する時に、人類の融和のための尊い星が数多く輝き日本を救うことになるのです。南無妙法の境地を体得した人、つまり「みたま」を覚知した誠の人が、国の平和と安寧に努力した時、「至誠天に通ず」ごとし、日本の国が助かり、我も助かるのです。

日本の真の使命を喝破した言葉

図 -8　日本列島の雄姿（資料：海上保安庁・日本海洋データセンター）

日本の真の使命を喝破した言葉として、世界の大天才アインシュタインが日本に託したとされる有名な言葉があります。

「近代日本の発展ほど世界を驚かせたものはない。一系の天皇を戴いていることが今日の日本をあらしめたのである。私はこのような尊い国が世界に一か所ぐらいなくてはならないと考えていた。世界の未来は進むだけ進み、その間、幾度か争いは繰り返されて、最後の戦いに疲れる時が来る。

そのとき、人類はまことの平和を求めて、世界的な盟主をあげなければならない。この世界の盟主なるものは、武力や金力ではなく、あらゆる国の歴史を超越した最も古くて、また尊い国柄でなくてはならない。世界の文化はアジアに始まってアジアに帰り、それはアジアの高峰、日本に立ち戻らなければならない。われわれは神に感謝する。神がわれわれ人類に日本という尊い国をつくっていてくれたことを」（『日本人が忘れてしまった日本文明の真価』清水馨八郎、祥伝社）

この出典については、ドイツの法学者ローレンツ・フォン・シュタイン博士（注）が「天皇家の徳と永続性」について述べたものと紹介されることもあります。いずれにしても、悠遠の神代から続く天皇の国・日本を語る逸話として今に残る貴重な言葉で、現代に生きる私たち一人ひとりが噛みしめるべき重要なメッセージといえるのです。

（注）ローレンツ・フォン・シュタイン博士（1815-1890）は伊藤博文が明治憲法をつくる時に協力してくれた人物として知られる。

第7章
天皇の存在

天皇は神秘の象徴

日本の国は他の国以上に大自然の大きな力によって生まれました。それは地球物理学的な歴史からも明らかにされています。日本に生きるわれわれも神秘の力により生まれました。古来より伝承される古事記や日本書紀は、その神秘的な出来事を見事なる比喩を交えて、日本民族の誕生と国土の成り立ちを教えています。

日本の国の神秘の象徴

古事記の冒頭に、「天と地が初めて現れたときに、高天原に成った神の名は、天之御中主神《あめのみなかぬしのかみ》、次に高御産巣日神《たかみむすびのかみ》、次に神産巣日神《かみむすびのかみ》でした。この三柱《みはしら》の神は、いずれも独神《ひとりかみ》として成り、すぐに姿を隠した」と記されています。古事記で語るこの壮大な神話は、大宇宙の創造主とそこに繋がる神々を教える説話で、天之御中主神とは、天、すなわち、大宇宙の中心に座する神のことをいいます。

この神は宇宙の大生命の御意志が発動して、最初になった神のことで、この神こそ大宇宙を創造した「創造主神」であると教えています。創造主神によって人類は、銀河系の中の惑星地球上に、小宇宙としての人間の誕生をいただきました。

人間の誕生も大変神秘的で、両親に導かれ、創造主神の分け根としての「みたま」をいただき、生まれてきました。このことは、神や仏と崇められる釈迦、イエスキリスト、マホメットをはじめ、すべての人々にいえることです。

日本の国生みを行なったイザナギ、イザナミの神々も創造主神の力によって生まれました。イザナギ、イザナミの両神によって日本の国が誕生し、多くの神々が生まれたのでした。その後、イザナミが亡くなったため、イザナギはひとり禊祓《みそぎばら》いにより、天照大御神《あまてらすおおみかみ》、月読命《つくよみのみこと》、須佐之男命《すさのおのみこと》の三貴神《さんきしん》を成しました。

この天照大御神が天皇の先祖であり、日本の国は天孫（天照大御神の孫）のニニギノミコトが高天原より降臨して誕生したと伝えています。ニニギノミコトの3代目にあたる神武天皇が、紀元前660年に初代天皇として即位され、万世一系の天皇が今に続いています。

初代天皇より126代、2680年の長きにわたり続く天皇は、日本民族の誇りであり、日本人は天皇を敬い、天皇は国民を大御宝としていただき、いつの世も日本の国の安寧と幸せを希求してきたのでした。

世界の国に認められる比類なき天皇

世界に比類なき天皇の存在は日本の誇りであり、世界の憧れです。そして、天皇と国民の太い絆は日本の国の永遠の宝です。天皇の存在を忘れて国が興ろうはずはなく、日本の国の未来はありません。有史以来、多くの国難に遭遇したわが国は、天皇の深い祈りに包まれ、悠久の歴史を刻んできました。天皇の祈りはひたすらに、国家国民の安寧と繁栄を願い、世界の平和を希求するものです。

戦後76年を迎えた今日、現行憲法のもとでの象徴天皇は見事に花を咲かせ、私たち日本人の心に崇高なる敬愛の念を持って受け入れられ、しっかりと定着するものとなりました。昭和から平成、令和の3代にわたっての御代替わりを経て、

「皇位は、万世一系の天皇の御位《みくらい》であり、ただ一すじの天津日嗣《あまつひつぎ》（注）である」

（注）天津日嗣とは天照大御神より皇位を受け継ぐこと

とする古来よりの教えが、現代の日本でしっかりと根付いていることに、世界の国々は畏敬の念をもって絶賛しているのです。

天皇は日本の国の元根《もとね》

天皇の「みたま」は古事記にも語られているように、国の元根としての存在です。それ故に天皇の「みたま」は、日本の国の「根っこ」として天の創造主神に繋がる特別の存在といえるのです。私たち国民一人ひとりも創造主神に繋がることには変わりはありませんが、天皇は元根としての「格」を持ち、国民はその分け根としての存在であるのです。

「宇宙と生命を貫く永遠にして普遍である根源」を、国家に置き換えた場合、「普遍の根源」とは国の根っこである天皇にあるのです。天皇を戴き、天皇とともに国の安寧と平和を祈り、国を守り抜く覚悟のもと、外国からの侵略を受けない、徳の高い国家に戻るための努力を続けることが、日本を守ることになります。その理念を立正安国論は訴えているのです。

神武天皇から今上天皇までの2680年という世界最長の歴史をいただく日本の国民が、こぞって天皇とともに宮中祭祀を祝い、日本の国を思う建国の精神に立ち還った時、世界の国々は日本を見直すようになります。保守、革新を問わず、すべての国民が心をひとつにしてまとまらなければなりません。そのような祈りは憲法論議に関係しない国民の「こころ（心）」の持ち方によるものです。

これに対して、中国、ロシア、北朝鮮は大きな非難を浴びせるでしょうが、それはまともな日本の国の復活に怯《おび》える姿なのです。紛れもない内政干渉そのものです。この非難を乗り越え元の日本に還った時、日本の国はロシア、中国から畏敬の念を持って迎えられる国になるに相違ありません。

日本は神話に繋がる悠久の国

神話に繋がる国

日本の国は神話に繋がる世界に類をみない国です。紀元前660年に神武天皇が即位されてから、令和の時代までの126代、2680年の長きにわたり、万世一系の天皇が続く国は日本の他にありません。

王朝の考え方には諸説ありますが、ヨーロッパで最も古いとされるデンマーク王室は936年が始まりとされ、現在で55代です。イギリス王室は1066年、42代です。続いてスペイン王室は1479年で24代、スウェーデン王室は1523年、23代とされています。世界の国々は有史以来、国の奪い合いと殺戮を繰り返してきました。そのため、国の歴史は連続性がなく、あったとしてもその根っこの王室に繋がることはありません。

神話で有名な古代ギリシャは紀元前800年頃の建国といわれていますが、紀元前30年頃、ローマ帝国の支配下に置かれました。ローマ帝国は絶大なる権力を誇っていたのですが、東西に分断した後、476年に西ローマ帝国が崩壊、1453年には東ローマ帝国もオスマン帝国によって滅ぼされてしまいました。オスマン帝国もヨーロッパの多くの国々を奪い取り、巨大なる帝国を作り上げましたが、やがて分裂して崩壊してしまいます。その後、幾多の変遷を経てようやく1800年代になって、イタリアが西ローマ帝国の中心であったイタリア半島を統一し、イタリア王国を建国したのでした。しかし、そのイタリアも第二次世界大戦の敗北により国王は亡命、イタリア王朝は幕を閉じました。

天地創造のアダムとイブの神話で有名な神の国、イスラエルは紀元前11世紀の建国といわれていますが、紀元前720年にアッシリアによって滅ぼされて国を失い、長い間、流浪の民となっていました。再建国されたのは第二次世界大戦が終わった3年後の、1948年のことです。

長い歴史をもつエジプト、インド、中国の国々も、幾度となく建国と滅亡を繰り返してきました。そのため、国の連続性はありません。国名は同じでも中身は全く違う国なのです。

現在国連加盟国193ヶ国のうち、王室や皇室の君主を戴く国は日本の天皇制を含めて28カ国あり、約6分の1が立憲君主制の国といわれています。君主には政治的にも強い権限を持つ絶対君主が多いのですが、日本の天皇のように、政治的な力は一切持たず、象徴的な存在にとどまる立憲君主は、他の国には見られないものです。

天皇の祈りは神と国家・国民を結ぶ祈り

天皇のご本務とされる国のために祈りを捧げる「宮中祭祀」は、ＧＨＱの定めた現行憲法の定めにより、国家的行事として行うことは一切禁止され、皇室の私的行事で行うように規定されてしまいました。国の安寧と繁栄を国民とともに祈ることが許されない君主が、日本を除いて、世界のどこにあるというのでしょうか。

天皇の祈りに私的な祈りはなく、国の君主が国家のために祈る「国家的祭祀」なのです。

「神まつる　昔の手ぶり　守らむと　旬祭《しゅんさい》に発《た》たす

君をかしこむ」（美智子皇后陛下）

旬祭は宮中三殿において毎月の一日、十一日、二十一日に神々へ国家国民の平安を祈る宮中祭祀をいいます。激務の中、太古から続く祈りを絶やすことなく、祈りを捧げるために宮中に赴かれる天皇に対して、慎み敬う心でお見送りなされる皇后さまのお姿が、美しい絵のように想像されます。

天皇と国民の絆が国の平和と繁栄の根源

松木草垣女史は天皇と国民について「日本の国は二本の紐じゃ、一本の紐がお前らみんなじゃ、この紐は世界中を眺めてもないんじゃ。この国にのみ二本の紐がある、天子様がおる。その天子様を押し上げねばあかんのじゃ。この国は天子様を理の元とする。お前ら、一人ひとりも理のもとで、理のもとが二つある。これは世界にないものである」（昭和34年12月14日）と教えています。

ここで紐というのは霊統のことをいいます。一本は天皇の霊統、もう一本は国民の霊統です。日本の国はこの二本の霊統があるから、二本、すなわち、日本という国の名が付いたともいえるのです。二本の紐を一本に縒り上げて太くなった紐が日本の国なのです。皇統と国民が互いに助け合い、皇統は国民の紐により、国民は皇統の紐を輔弼《ほひつ》して、二本の紐が縒られることにより、太く強い紐ができるのです。日本の国は本来がそういう国なのです。

この君民一体の姿こそが、日本の国が未来永劫の安寧と繁栄の根源であることを忘れてはなりません。これこそが悠久の太古から続く、わが国の国柄、国体の本義なのです。

宮中祭祀を国民的行事として取り扱い、皇室と国民が一体となる姿こそが日本の本来の姿なのです。君民一体なくして、日本の国の真の平和と繁栄はあり得ないのです。

国家解体の危機を救う

終戦時の占領計画

アメリカは戦争終結をにらみ、「米国統合戦争計画委員会」（ＪＷＰＣ：Joint War Plans Committee）によって、占領下の日本統治計画を周到に準備していました。その計画は、占領開始時は米軍が日本を単独に占領するが、３ヶ月後には連合軍各国による分割統治を行なうとするもので、具体的な占領計画は次の通りでした。

①北海道・東北はソ連
②関東・信越・東海・北陸・近畿は米国
③四国は中華民国
④中国・九州は英国
⑤東京は米国、英国、ソ連、中華民国の共同管理

⑥大阪は米国、中華民国の共同管理

しかし、この占領計画が実行されることはありませんでした。もし、実行されていたら、日本は東西ドイツや韓国、北朝鮮以上に、より深刻な状況に陥ったことでしょうし、日本という国は消滅していたかもしれません。

一方、ソ連は北方四島と北海道占領計画を作っていました。終戦の翌日、ソ連のスターリン首相はアメリカのハリー・トルーマン大統領に書簡を送り、北海道北半分の分割占領を要求しました。この時、トルーマン大統領は「北海道、本州、四国、九州からなる日本列島の日本軍隊の降伏は、すべてマッカーサー将軍が行なうよう、私の意図で既に手配が進められている」と返答し、スターリン首相の要求を決然とはね退けたのでした。この瞬間にＪＷＰＣの計画は事実上の廃案となったのです。

この経緯は、１９７４年、当時広島大学の助教授だった五百旗頭真氏によって、アメリカ国立公文書館の公開資料から明らかにされました。(『ＮＨＫ日本の戦後取材記（上）日本分割』玉井勇夫、学習研究社)

これについて説明を加えると次のように言えるのです。

１９４５年２月８日のヤルタ会談（米国、英国、ソ連）の極東密約、いわゆるヤルタ協定で、アメリカのフランクリン・ルーズベルト大統領はソ連のスターリン首相に日ソ中立条約の破棄を促し、参戦を要求しました。そのため、ルーズベルト大統領が生存していたら、日本の占領統治はＪＷＰＣの計画通り進んでいたでしょう。

ところが、戦争終結直前の１９４５年４月にルーズベルト大統領が急逝したため、副大統領だったトルーマン氏が大統領に就任したのでした。トルーマン大統領はこの密約に関わっていなかったため、ソ連に対する遠慮は一切ありませんでした。まさに、危機一髪の所で日本は救われました。天佑神助（神風）とはまさにこのような不思議をいうのです。

国家解体の危機を救う

第二次世界大戦による無条件降伏の時、ロシアは強行に天皇制の廃絶を主張し、英国、豪州、中華民国もこれに同意したといわれています。この時、天皇は、自らの意思でマッカーサー元帥（以下、マッカーサーと称す）にお会いしたのでした。

その時の会話の核心をマッカーサーは、『マッカーサー回顧録』（１９６３年）の中で次のように伝えています。「天皇の話しはこうだった。〈私は戦争を遂行するにあたって日本国民が政治、軍事両面で行ったすべての決定と行動に対して、責任を負うべきただ一人の者です。あなたが代表する連合軍の裁定に、私自身を委ねるためにここに来ました〉。この時、大きな感動が私を揺さぶった。死をともなう責任、それも私の知る限り、明らかに天皇に帰すべきでない責任を、進んで引き受けようとする態度に私は激しい感動を憶えた。私はすぐ前にいる天皇が、一人の人間としても日本で最高の紳士であると思った」と記されています。

同行した通訳がまとめた天皇の発言メモを、翌日、藤田侍従長が目を通しており、『侍従長の回顧録』（藤田尚徳、昭和36年）の中で、その時の会話を次のように伝えています。「敗戦に至った戦争のいろいろな責任が追及されているが、責任はすべて私にある。文武百官は、私の任命するところだから、彼らには責任がない。私の一身はどうなろうとも構わない。私の身はあなたにお任せする。どうか国民が生活に困らぬよう、連合軍の援助をお願いしたい」とおっしゃった。

この一身を捨てて国民に殉ずるお覚悟を聞いたマッカーサーは「かつて、戦い敗れた国の元首で、このような言葉を述べられたことは、世界の歴史においても前例がない。私は陛下に感謝申したい。占領軍の進駐が事なく終わったのも、日本軍の復員が順調に進んでいるのも、これすべて陛下のお力添えである。これからの占領政策の遂行にも、陛下のお力を乞わなければならないことは多い。どうかよろしくお願いしたい」と述べたと伝えています。

天皇の「私の一身はどうなろうとも構わない。私はあなたにお任せする。どうか国民が生活に困らぬよう、連合軍の援助をお願いしたい」と嘆願された天皇の神のような人格に感激したマッカーサーは、反対意見も多くあった中を、天皇制の存続を決定したといわれています。マッカーサーは「あの時、天皇が廃絶されていた場合、日本は極度に混乱し、アメリカの統治は極めて困難になったであろう」と述べています。

無条件降伏という連合国の占領により、一時的とはいえ日本の主権は無くなり、東京裁判という数々の理不尽極まりない仕打ちを受けました。しかし、ドイツが東西ドイツに分断され、イタリアの王朝が断絶されたことや、朝鮮半島が南北に分断され今に至ることを考える時、いかほどに日本の国は天に守られた有り難い国であるかを知らなければなりません。

天皇は日本の国の統合の象徴

今日、経済のグローバル化が進み、ヒト、モノ、カネが国境を越えて自由に動くようになった結果、世界の多くの国では行き過ぎた自由主義、資本主義に対する反動として、民主主義を否定するようなポピュリズムの台頭が見られるようになっています。一方、中国やロシア、北朝鮮のように共産党独裁の政治体制には多くの問題点を抱え、政情の不安定さを露呈しています。

そうした中にあって、国の統合の象徴であり、自分たちの立ち位置の普遍的な参照点を提供してくれる日本の天皇は、何よりも民主主義を安定させる大きな力を持っているのです。

第8章

国を救う

あたらしい道と松木草垣女史

松木草垣女史

混濁の世にあって、日本人が最も大切なものを失えば、日本の国はどのようになるか、今日の日本を予想した天が、日本の国を救うため、一人の女性を天の生贄として準備していました。そのお方こそが「あたらしい道」の教え主松木草垣女史（以下、女史と称す）であります。

女史は明治34年（御代《みよ》）9月28日（国《くに》は）生まれ、後年に横須賀市政に多大な貢献をされた安東重起氏の一人娘としてお生まれになり、御昇天なさる98才まで、「みたま」を覚知した誠の男千人を育てるべく天業に邁進されました。

昭和27年12月、女史の「みたま」から「国が危ない、国が危ない」と朗々とした天音がよどみなく流れ、「あたらしい道」が始まりました。あたらしい道は日本の教えを、現代に新しく甦らせる道であり、混濁の日本を建て替え、迫りくる末世の時代に備え、誠の日本人を仕込む「天の場」をいいます。

今日の日本を取り巻く世界情勢を俯瞰すると、女史に教えられた通り、日本は大変厳しい時代を迎えており、世界の国々も、自国の生き残りをかけた戦いが始まっています。

国が危ない

女史が神秘になられた昭和27年は、ＧＨＱの占領が解除され、サンフランシスコ講和条約により日本の主権が復活した年にあたります。日本の再生に向け、国民が一丸となって努力し始めたその矢先のことです。その時、女史は「国が危ない」と教えたのです。

国が危ないとは、このまま行くと日本人の精神が蝕まれ、本来の日本人でなくなってしまう、まさにそのことを教えたのです。それは、私たちが無自覚なまま、静かに切り崩されて崩壊してゆく、日本の国の先行きを案じるものでした。

将来、日本の国を揺るがす非常事態が起きた時、これまでの日本人とは違い、国民が一体となって国を守り、国に尽くすことがかなわず、中国やロシアにやられてしまうと警鐘を鳴らしたのです。しかし、日本の国がもと通りの徳の高い国に還れば、ロシアや中国は日本を持ちあげるようになると教え、イギリスやドイツ、フランスが、日本は大した国だと日本を拝みにくると教えたのでした。

私たちの「みたま」は一人ひとりのお腹の内裏に宿り、過去、現在、未来に通ずる、時空を超えた絶対の存在です。「みたま」が働く誠の日本人が千人できることにより、日本の国は建て替わり、救われると教えました。

女史はその天業を成し遂げ、天にお戻りになられてから、早くも20余年の歳月が経過しました。今の日本、いや世界のさまざまな動きは、女史が教えた「世直り」通り進んでいます。その大きなうねりの中で、いよいよ世紀の大転換を向かえる時が、間近に迫ってきています。

松木草垣女史の教え

女史による教え（御垂示・天示）は、天地を貫く生命の根源である、身の内に存在する「みたま」を明かすことから始まりました。女史は御垂示によって「人間本来かくあるべし」とする「みたま」の本来性を説き、日本人本来の生き方を教えたのでした。その教えの一部始終が『天人まつき・そうえん女史伝記』（あたらしい道）によって語られています。

そこには、ごく平凡な一人の女性が、生きながらにして天に上昇するまでの奇しき運命の通り越しが、余すところなく紹介されており、女史の盤根錯節の人生行路とともに、世にも稀な、神と人間が結ばれる神秘の世界が、手に取るように描き出されています。

女史による教えは、大宇宙と大自然の摂理と真理、これから起こる地球のさまざまな異常現象や人類の先行きに及ぶ広大無辺なもので、その教えは膨大な量に及んでいます。

その中から、ここでは本書の目的とする「日本の危機」に関わる、「外国」と「地震」についての教えを記すことに致します。中国と地震に対する脅威が身近に迫っており、ようやく、女史の教えを理解できる時代になりました。ただ、これらの御垂示は量も多く、長文に及ぶため、一部の重要な部分のみにとどめてあります。

当時の私は御垂示の真意をよく理解することができませんでした。しかし、今の日本を取り巻く世界情勢を眺めると、女史から教わった通りの世の中になってきています。このまま行くと、日本は未曽有の危機に直面することになるでしょう。その時のために、女史の教えを皆様にお伝えしなければならないのです。

御垂示（外国）

（ロシア）

◇「今のままでは、日本はロシアにやられてしまう。ロシアはそういう腹、そういう計画を立てているんです。とんでもございません。でもみんなが「みたま」そのものになるはずですから大丈夫です。ロシアは日本を有り難い国だっていうことを知っているけれども、こんな日本ではどもならんから、まあ叩け、ということらしゅうございます。でも日本が建て替わって元の有り難い日本に還れば、ロシアはあべこべに日本を抱きます」（昭和48年9月7日）

◇「日本はロシアと争って、それから段々と甘くなった。もともと日本という国は月をいただく、そういう国でした。それなのに、月をいただくことを疎かにして、ともども日だけを拝んだ。それが大間違いでした。そういう順序で、お前さんたち、自分の国が下落しつつある。それを知ったらしい。」

ところが今の今、もうどうにもならない。日本人は自分というものを上皮だけ、中身の方はすっかり忘れてしまっている」(昭和49年10月8日)

◇「ロシアは今の日本をあきれてしまっている。日本の国は世界中で一番の国だ。それなのに今の日本は恥ずかしい。日本はどうかしている、外国人が笑っていると、私の「みたま」から聞かされました。このままでは日本の国はロシアにやられてしまう。ロシアは50年したら日本をやっつけてしまう企てをしている」(昭和54年3月28日)

今のような日本では、あと50年したらロシアに「やられてしまう」と警告しています。この御垂示は昭和54年(1979年)にいただいたものですから、50年後とは2030年頃に相当します。その時期は驚くことに、第1章で述べた米インド太平洋司令官の発言に見られるように、中国による台湾や尖閣有事が想定される時期と重なります。

平成3年(1991年)、ソビエト連邦が崩壊した後は、ロシアの脅威は以前ほどでないように思われがちですが、その根っこは昔と変わっておりません。今は、中国が共産主義国の覇者として振る舞っていますが、ロシアが世界の覇権を狙う意思があることは何ら変わりません。中露は「中露善隣友好協力条約(注)」によって手を結んでおり、ともに共産党による世界覇権を狙っているのです。

（注）中露善隣友好協力条約：平和的関係と経済的関係、外交関係と地理的関係に及ぶもので、事実上の防衛協定であり、軍事的関係の強化が謳われている。ロシアの軍事技術を中国に開示する旨と国連安保理事会での協力が盛り込まれている。台湾問題については、中国の一部であり、国家と領土の統一を実現することに全面協力すると規定されている。近年の関係強化を受けて、新条約が結ばれる可能性がある。

米中の有事が本格化した時、中国はロシアとともにアメリカや日本と戦うつもりです。それに北朝鮮も加わることでしょう。このままでは、東シナ海を舞台にして、日本を生贄とする戦いが始まり日本は潰されてしまいます。しかし、本来の日本に建て替われば、ロシアが日本を抱くようになると教えています。それは世界の風が不思議に大きく切り替わることを教えているのです。安倍前首相が努力してきた日ロ平和条約締結交渉が停滞していることは残念でなりません。前進することを祈るばかりです。

日本はロシア帝国と戦い、日露戦争に勝利してから世界の列強とおだてられ、自惚れて傲慢になってしまい、日本本来の国民性を下落させてしまいました。その後の日本の外交は、外国の脅威を甘くみて、日本は強い国だと錯覚して中国に進出し、太平洋戦争にまで行き着いてしまったのです。

敗戦によるダメージは大変強烈なものでしたが、アメリカの助けを貰ったお陰で、世界有数の経済大国となり、再び自惚れて驕ってしまいました。エコノミック・アニマルと揶揄され、お金儲けを第一とする風潮が長く続きました。残念なことにそれが今までの日本だったのです。

昭和49年10月8日の御垂示にある「月をいただく国」とは、日本人本来の精神文明を大事にする生き方をいい、もともとの日本人は天地の理にかなう生き方をする民族であることを教えています。

天地の理にかなうとは、わかり易く言えば、大自然を貫く根源の理に順応した生き方をいい、国を思い、親を戴き、人と争うことなく、外国とも争うことなく、平和と安寧を希求することをいいます。これに対して「日」とは目に見える面に重点を置く物質文明を指します。物や金、権力に重点を置く思想を改め、日本人の本来性である天地の理にかなう誠の生き方に戻れと教えているのです。

敗戦後の占領時代、ＧＨＱによる検閲の手段によって徹底的な言論統制が行われ、日本人改造計画が実施されました。その結果、日本人の本来性である美しくて麗しい、伝統的精神文化をすっかり失いました。その自覚がないまま今日に至っているのです。そのことを、無自覚なまま、静かに切り崩されて崩壊してゆく、日本の姿と教えています。

(中国)

◇「そうするとね、何かの時ですね、不思議に天候が変わるっていうんです。お空の模様が変わりますからね。ですから中国の問題とかなんか、どんなに日本に対して、中国がし難《にく》くしてきても、天候が変わるから心配するなかれと申します。この天の場は自然を克服する場ですからと、今あらためて申しておきます」(昭和48年4月24日)

まさに、中国やロシア、北朝鮮の問題を示唆するお言葉です。これらの国々は結託して日本を貶め、潰してしまおうと企んでいますが、天が愛でる徳の高い本来の日本人に建て替わった時、急転直下、世界の局面が切り替わり、天意によって日本は救われると教えています。

そのためには、かつての日本人がそうであったように、誇りある麗しい精神文化を取り戻し、誰しも崇めることに異存がないとする、「有徳性」を備えた国に戻らなければなりません。そのうえで、国を思い、国を守る本来の日本精神を取り戻し、外国の脅威に対して、日本人が一丸となって行動することの必要性を教えているのです。

それは、次のイギリス、ドイツ、フランスに対するお言葉からも知ることができます。

(イギリス、ドイツ、フランス)

◇「イギリスやドイツ、フランスが日本は大した国だってことがわかって、いずれ外国から日本を拝みにきます」(昭和53年10月6日)

◇「今の日本はね、外国でね、日本はこんなはずではなかった。一寸おかしいな、と思われているらしゅうございます。日本が根の国だと知ったら、なるほど、やっぱり日本は素晴らしい、と日本を尊敬するだろう」(昭和54年2月19日)

今の米中覇権争いと、台湾、尖閣有事を巡る日本の危機は、世界の危機でもあるのです。その時、イギリス、ドイツ、フランスなどのヨーロッパの国々の行動が、世界の空気を変える鍵となります。日本が徳の高い本来の日本に戻れば、日本は外国から守られると教えています。それを後押ししてくれる国は、イギリス、ドイツ、フランスと教えました。いまその兆候が見えつつあるように感じられます。

世界に誇る万世一系の天皇を戴く日本の国は、世界の根に相当する元のもとの国であり、外国の要人がそれを知ったら、素晴らしい徳の国だと尊敬するようになると教えています。

太平洋戦争の真只中、日本が敗戦濃厚だった頃、フランスのパリで晩餐会が開かれました。この席で、元駐日フランス大使のポール・クローデル氏が、各国の要人に向かって、次のように演説したと伝わっています。「私がどうしても滅びてほしくないひとつの民族があります。それは日本人です。あれほど古い文明を今に伝えている民族は他にありません」。さらに「日本人は貧しい。しかし高貴である」と語ったとされています。

この話は「神に愛された日本」として今に伝わっており、日本は敵国の要人にも愛された徳の高い素晴らしい国柄だったことがうかがい知れます。そのような国に日本が戻った時、イギリス、ドイツ、フランスの国々はこぞって、日本を救うと教えているのです。

〈アメリカ〉

◇「アメリカは日本をあやつることに四苦八苦だったんです。それでね、要するにアメリカは、お上手だったんです。日本を利用してうんと上手《うま》いことをしてきました」（昭和54年9月5日）

◇「天上では、もう今の世の中は駄目なんだ。だけど、日本の国はどうしても世界中が必ず抱く時があります。この国を駄目にしたらどうにもならない。こういうことをロシアではない、イギリスの国が言っているんです。ところが、アメリカはその内に駄目になるんです。こういうことをよく知っておくんです」(昭和55年2月28日)

もうこのままでは世界中が駄目になってしまうと教えています。やがてアメリカは力が衰えていくことを示唆しています。だけど、日本の国はどうしても必要な国だから、日本を救わなければならないとイギリスが言っていると教えました。徳の高い誠の心を有する本来の日本人に建て替われば、日本は世界中から見直され、抱かれるようになると教えているのです。

アメリカはこれまで日本を上手に利用してきました。黒船による開国以来、第二次世界大戦によって占領した日本を、アメリカの言いなりになる国にやり替えてしまいました。

自虐史観の思想を植えつけられた私たちは、国民にとって最も大事な、国の歴史と信仰と人の道、そして国を守ることを語ることさえ、軍国主義の復活で、子供たちを危険にさらす教育だと敬遠してきました。

一部の人達はその施策こそが民主主義で平和の国の教育だと勘違いしてきたのでした。残念ながらそれが、現在の日本の姿なのです。政治、経済、外交、文化などあらゆる面にわたりアメリカナイズされアメリカに従属する国になってしまったのです。

事実、日本はこれまでアメリカに頼り切ってきました。アメリカから押しつけられた憲法を利用して主権国家にとって最も大事な国防の概念を捨て、ただ金儲けのための経済だけを追求する国になってしまったのです。そのお陰で経済力は、長い間世界第2位の地位を保ち、現在でも世界第3位という地位にあることは異論のないところです。しかし、いよいよの時至り、もはや経済の力だけで日本を存続させていくことができなくなりました。

日本としての本来性を取り戻し、かつての誇りある大義の国、日本に建て替わらないと、中国とロシアにやられてしまいます。このまま行くと、日本はアメリカの世界覇権の地位を守るために利用される国になってしまいます。それこそが今の日本の危機なのです。アメリカ本土に影響しない東アジアでの衝突は、日本だけが大きい痛手を受け、最後の最後でアメリカに見限られることになるかもしれません。そうなった時にはすでに手遅れです。

今に生きる私たちは、日本を守ってきた先達がそうであったように、確固たる信念と高い志を持って、世界に向かって真の平和を希求する、本来の日本に立ち還らなければならないのです。

御垂示（地震）

地震に関する御垂示

地震に関する御垂示も数多くいただいておりますが、地震は大自然による天災であるため、神秘的な内容のものが多く、ここに公開できるのはその一部だけに限っています。

◇「関東大震災から戦争の頃にかけて、地球の自転に大きな変化が生じ、地球が大きくひずんでしまった」（昭和41年7月3日）

実はもっと具体的なお言葉で教えておりますが、ここでの記述は差し控えることに致します。このお言葉は戦争の頃にかけて地球の自転に大きな変化が生じたことを教えています。最近の研究により、地球の自転速度が地震に大きく影響していることがわかってきました。なるほど、戦時中とその前後の地震記録をみると、御垂示で教えられた通り、日本や世界で大きな地震が頻繁に起きていました。今後、中国との有事があった際、巨大地震が重なることも、決してないとはいえないのです。

また、地球温暖化による氷河や海氷の融解は、地球の回転にブレを与え、自転にも影響しているといわれており、巨大地震の誘発が心配されるところです。

◇「今にして言う。この女には秘鑰《ひやく》が掛かっている。この鍵はみんな次第で開けてしまわねばならん。そしたら津波になる。西と東が分離する津波じゃ。これを言っておく。この女は15年前にそれを聞いている。今のような状態では、やがてこの鍵を外さならん」（昭和42年10月30日）

15年前とは女史が神秘になられた昭和27年のことを指しています。秘鑰とは「天が握る秘密の鍵」のことで天意なるものをいいます。この御垂示は東日本大震災の大津波を思い起こすもので、福島原発の事故は寸前のところで日本列島を東西に分断するところでした。

首都直下地震や南海トラフ地震がいつ起き、どの位の規模の津波が襲ってくるか全く予断を許しませんが、地震が来ることは大自然の摂理から避けて通ることができません。しかし、どのような地震が起きようとも、国民の一致団結した心構えと、できる限りの備えを為すことにより、それを乗り越える不思議な力が日本人には秘められているのです。

◇「いずれみんなが驚く時が来る。その訳がわかる。日本という国は少しくらい変形する。それだけを言っておく。その内に新聞やら、あれこれで驚くようなことを示されて、吃驚する。でも今はこれを言いたいが、言ったら大変になる。だから言わない。その頃が超すに超せん、そういう頃じゃ」（昭和45年12月2日）

東日本大震災では日本列島は岩手県沖から千葉県沖にかけて、南北６００km、東西２００kmにわたって大断層が動き、日本列島は大きく変形したのでした。この影響は東北地方だけでなく、関東、中部地方はもとより、日本列島全土に及んでいるのです。日本はその時期を境にして、色々なことが起きてくることを教えています。

◇「地球はこらこらひずみになった。その訳がある。これを言いたいけれど、言ったら、はがない奴がたくさんいるから、ちょっと危ない、しばらくの間はそのままにしておく」（昭和48年8月10日）

◇「天を中心に知らすものがいることを、ちゃんと、天上で決めてあります。段々と世の中は逆さまになると大正の頃から言っています。どうしても一遍、怒やす、それがあの関東大震災でした。あの震災は、どうもこうもならない地形の何とかだったそうです。まだこれからあるんだぞ、と天から聞かされています」（昭和48年9月25日）

地球のプレート運動により、大地はひずみを誘発します。日本列島は太平洋プレート、フィリピン海プレート、北米プレート、ユーラシアプレートの4つのプレートがひしめき合う世界最大の応力場になっており、世界のどこよりも大きなひずみが蓄積される特異な場所に位置しています。

日本列島に起こる地震は大自然による避けがたいものであり、人為で防げるものではありません。ひずみとひびは物のゆがみによって生じる現象で、本来の姿とはほど遠い、人間社会のゆがみがこれにあたります。人間本来の生き方にそぐわない思いと行動は、大地のひずみと同じように、人間の「埃と業《ごう》」となって次第に積もってしまいます。だからこそ大自然は私たち日本人に日々、禊《みそぎ》の精神を持って生きることを教えているのです。

閑院純仁氏に対するお示し

閑院純仁氏は戦後改名され純仁氏となられたお方で、かつての世襲親王家（注）の「閑院宮春仁王」でいらっしゃいます。１１９代光格天皇は閑院宮家の御出身であらせられ、この血統が１２６代今上天皇まで続いております。

閑院純仁氏は昭和44年2月にあたらしい道に繋がられ、終生にわたり女史のもとで「みたまの教育」を受けられました。女史はその「人」の格と「みたま」の分に応じて、「天の理」を事細かにお示しになります。「みたま」の位が高ければ高いほど、天の意図はより一層、高次元に明示されることになる訳です。

次に示す内容は、昭和49年10月8日の松の間（注）での閑院純仁氏の発言に対してなされた女史のお示しです。

閑院氏：「新聞などにも最近よく出ていますが、過去になかったような地球の変化が起こりつつあります。地球のような大きな物体が変化しますと、加速度がついて急速に変化を起こすのではないか。昼と夜との相合い《あいあ》（注）など、いずれ大地震がありそうだと、そういう話も常識的になってきており、避けがたくなってきているのではないでしょうか。これは世直りと非常に関係が大きいのではないでしょうか。科学的にも地球、天体との関係が深いのではないでしょうか」と発言なされました。

女史：「皆さん。天意現成はね、早めに天のどこか知らん方で決めちゃったということを、この際申しておきます。地球にひびが入ったんだ、それで天意現成を早めに形つくったんだ、という風に申されています。日本だけでなく、世界中が大変だ、エライコッチャ、という場合が近づくらしゅうございます」と教えています。

（注）「世襲親王家」とは、皇位の継承を安定的にするたに、代々親王宣下を受ける特別の家柄のこと（戦後廃止）。
（注）「松の間」は女史の教えをいただく「教えの場」をいう。
（注）「昼と夜の相合い」の教えは、昭和31年の御垂示で「昼と夜の相合いを言うておこうか、さー、さー、さー。月が出るような時がなく暗い夜道が続くぞな。これが世紀の変わりぞな」とお示しされたその一部です。

行くに行けない時代

昼と夜の相合いの御垂示は、まさに、これからくる「非常事態」の様相を分かり易く教えたものです。「今の世は曇りに曇ってベタベタ雲になる日がある。ベタ曇りとはうっすら曇って、そこら中、全部曇って、日本中が全部曇る時がある。昼間やら何が何やらわからんような日が来る。それは、面々の思い方を切り替えさす。思い方が今のようではどうにもならん。みんな切り替えてや。国があっての自分達じゃ、国が大事じゃ。世間はそれを知っておいででない」（昭和35年7月8日）と教えています。

２０１４年（平成26年）に御嶽山を襲った火山噴火は記憶に新しいところです。突如として地の底から吹き上がる噴煙で日光が遮られ、大量の噴石が飛び散り、多くの犠牲者を出したのでした。大規模な火山噴煙が生じた場合、広い場所で長期間にわたって昼だか夜だかわからないことになり、甚大な被害を引き起こすことは、よく知られるところです。

江戸時代に起きた富士山の宝永噴火では、２週間にわたり火山灰が降り積もり、薄暗い日が幾日も続いたそうです。火山灰による農作物の被害は甚大で、多くの村で収穫ができなくなったとされています。また、火山灰の堆積で河川の水位が上昇し、堤防が決壊して水没する村が続出するなど、元に戻るまでに１００年余り要したと記録されています。

昨年、オーストラリアではかつてない規模の山火事が半年以上にわたって燃え続け、日本の国土の半分の広さを焼き尽くしてしまいました。山火事の熱波と大噴煙が火災積乱雲を生み、竜巻と落雷が頻発して激しく燃え続けたのです。ニューサウスウェールズ州全域に非常事態宣言が出されましたが、火災を封じ込めることができませんでした。しかし、その後の奇跡とも言うべき30年ぶりの大豪雨により、山火事は収束に向かうことができました。

昼夜を問わず激しく燃え盛る山火事は地獄絵図を想像させるもので、結局は大自然の力以外には山火事の脅威を収めることができなかったのです。

わが国も今後に予想される首都直下地震、南海トラフ地震、富士山の火山噴火などの大惨事に遭遇した場合、まさに真っ暗闇な様相を呈してしまいます。これから先には人智を超える予想もできない数々のことが起きてくることでしょう。今の新型コロナウイルスの世界的病魔の拡散もそれを物語るものです。「昼と夜の相合い」とは、そのような、非常事態に置かれる時の、世の中の状況を教えているのです。

地震や火山噴火に対しては、非常事態に備えた防災対応をすることは勿論のことですが、多くの人が建物や瓦礫の下で生き埋めになり、火災や津波にのまれて犠牲になる、忌まわしい出来事が現実のものとして襲ってくるのです。

高度に発達した社会インフラ、都市機能は一瞬のうちに瓦解し、ネット通信に代表される高度情報化機能も、全く役に立たない真っ暗闇の世の中になってしまいます。このような現象を「昼と夜の相合い」と表現したものと思われます。

天為の国と人為の国

天為の国

天為とは、天意の為すところ、天の仕業をいい、対語として人為があります。人為とは自然の状態に人が手を加え、人の力によって何かを行うことをいいます。つまり、自然が行うか人が行うかの認識の違いを表す言葉です。「人為の及ぶところではない」とは、天の為せる力には誰も及ばないことを意味するものです。

日本の国は世界の根の国、底の国に相当する、世界で最も尊い天意（天為）の国といわれています。それは、大自然は神であり、わが国は天意の為すところにより創造された自然国家である、という先祖の生き方を知らなければ、到底、理解できるものではありません。

あらゆる自然物に霊魂を認め、それを畏怖し崇拝するアニミズムの信仰は、大自然を拝《おろが》む日本古来の「惟神《かんながら》の教え」からくるものでした。日本のいたる所で地震や火山、台風の災害は起きており、何処に住んでいても、日本人は誰しもが大自然の畏敬を感じ取って生きてきたのでした。

私たちの祖先は、大自然である天に恥じない、神の教えにかなう正しい生き方ができているかを、つねに自分に問い、無私と利他の心を持ち、自然とともに生きてきました。だからこそ、日本を訪れた多くの外国人は、私たちの先祖の「人となり」を絶賛してくれたのです。

大自然を敬う神の国に生まれ、大自然とともに生き、惟神の教えに立ち還るという精神が、私たちの祖先の生き方だったのです。これこそが本来の日本人の姿なのです。このような国であるからこそ、日本の国は世界の見本であり、天のいとし子というのです。

人為の国

元国土交通省技監、大石久和氏は『国土が日本人の謎を解く』（産経新聞出版）の中で、人為の国について、次のように述べています。「ヨーロッパの国々は、人が何かしなければ、景観も何もかも一切変わらない。人が何かすることで初めて、何かが変わるのである。この地では、人が建てた建物は、人が壊さない限り壊れない、地震も起きなければ大洪水が押し流すことなどまずないからである。

ヨーロッパではほとんどすべての建築物も自然も、人の手によらなければ、いささかも変化しないのである。日本では人が何もしなくても、地震によってすべてが崩れてしまうが、その違いで考えてみるとわかり易い。したがって、西欧ではすべての出発点は人である。だからこそ、彼らは万物を支配する存在として、人間を想定することができた。神が手ずから自分に似せて人をつくり、万物を支配するためにこの世に送ったという、旧約聖書の理解に繋がっている。つまり、人は他の何にも替え難い特別な存在であるとの認識である」と教えたのです。

それでは、天為の国とは何かというと、「人が何もしなくても災害で周辺が変わってしまい、景観も変われば建物も消えるといった経験を何度もした人々の国である。ここでは主人公は人ではなく自然である。したがって、人間は自然のもとに生きて生かされている存在で、あくまでも自然によって創られた存在である」と教えています。

日本は世界で一番危険な国土

世界で一番危険といわれる国土(注)に住む日本人には、大自然の脅威が痛いほどよくわかります。地震、津波、台風、洪水、火山噴火など大自然の脅威は、大陸に住む人々に比べて格段の相違があるのです。

同じ島国でもイギリスは自然災害が驚くほど少ない国で、火山もありません。地震も過去数百年でM３からM５程度の地震が数回起こった程度で、体に感じる地震はほとんどないのです。また、イギリスは北海道よりも緯度が高く、南にヨーロッパ大陸があるため、台風が到達することもありません。それ故、日本と比べると大自然の脅威は格段に少ないのです。

(注) スイスの保険会社スイス・リーが２０１３年にまとめた「自然災害リスクの高い都市ランキング」で、東京・横浜が世界1位。地震活動が活発な地域に位置していることや、津波、河川洪水の危険性が高いことなどが背景にあると見られます。2位はフィリピンの首都マニラで、地震活動、台風、高潮のリスクが高い。３位は、広州、香港、マカオを結ぶ珠江デルタ地域で、サイクロンや河川の氾濫、地震の可能性が考慮されました。

トップ10は以下の通り。「1位東京・横浜（日本)、2位マニラ（フィリピン)、3位珠江デルタ（中国)、4位大阪・神戸（日本)、5位ジャカルタ（インドネシア)、6位名古屋（日本)、7位コルカタ（インド)、8位上海（中国)、9位ロサンゼルス（米国)、10位テヘラン（イラン)」

日本人には天賦の力が秘められている

私たちの祖先は、悠久の昔から今日に至るまでに、数えきれないほどの自然災害に見舞われ、多くの人々が犠牲になってきました。また、災害死だけに留まらず、戦争による紛争死も経験してきました。そのうえに、日本は世界で唯一の戦争被爆国で、原爆で約15万人の人が命を失い、その後、原爆の後遺症で亡くなった人を合わせると、現在は約50万人にものぼるといわれています。

しかし日本はその都度、国民が一体となって、国の再建に立ち上がり、今日の奇跡ともいわれる繁栄を築き上げてきたのでした。それほど日本人には、想像を絶するほどの天賦の力が与えられているのです。それは日本人の「みたま」に秘められた神秘の力に他ならないのです。

第9章

日本は世界を救う

このままでは世界は終わる

このままでは世界は終わる

松木草垣女史は昭和27年12月、女史の「みたま」から「国が危ない、国が危ない」と教えられ、「やがて世界は行くに行けない、通るに通れない末世の時代が来る」と警告しました。

末世の世とは、釈迦が教えた正しい教えが人の心に通用せず、世の中が大きく乱れ、争いや天変地異、疫病が頻発し、生きることが困難な冬の時代をいいます。かつては、このような時代が頻繁に繰り返されてきました。

第二次世界大戦が終焉し、その後に起きた米ソ冷戦危機を乗り越えて、ようやく平和な時代が来たと思っていました。高度な科学技術や医療が人類を救い、経済活動によって生まれた富が人類を豊かにすると確信していました。しかし、それは私たちの錯覚でした。結局は、人類が持つ宿命ともいうべき「欲と業」によって、軍事力による世界制覇を目指す時代が再びやってこようとしているのです。

末世の時代の様相については、昭和34年9月6日に次の御垂示をいただいています。「末世になるということは、ずっと以前から知れておった天の思惑である。末世は恐ろしいか、そうでないかは、その人による。理によって生きて行こう、生きるんだ、こういう風にけじめがついていればことなく生きて行ける、心得によるんじゃ。末世とは世も終る、終わり頃じゃ、でも終わりたくても終わり切れない。末世がやがてくる。世があぶつく」と教えています。

そして、昭和48年9月24日の御垂示では「このまま行くと100年あらあらで世が終わる。このことは20年ほど前にみたまから聞かされている」と教えました。20年ほど前とは、女史が神秘になられて「国が危ない、国が危ない」と女史のみたまからの天音が鳴り響いた時でした。

続いて、昭和48年11月28日の「今わの際《きわ》」の御垂示では、「人類の長い歴史がもうこれで終わるという、今まさに、その際になっているんです。それを天上だけがわかっていて地べたは知らなかったんです。それでこれからは徳がものをいう時期がもうこれからです。今まではお銭《ぜぜ》でどうこうだったんでしょう。でもこれからは徳です。徳がなければ助かりません」と、徳の重大さを教えたのです。

昭和54年10月28日の御垂示で「やがて世界は海の底に潜る」と教えました。このまま行くと、人類はあと100年したら海の底に沈んでしまうと教えたのでした。

世界は今になってようやく、地球温暖化で海面が上昇し、世界中のあちこちで海に没する危機が迫っていることを知り、真剣な取り組みがなされるようになりました。

国連気候変動に関する政府間パネル（IPCC）によれば、このままの状況が続くと、今世紀末には海面水位は最大1・1m上昇し、2300年の初頭には最大5・4m上昇すると予測されています。地球温暖化の脅威は、今は誰でも知っているところですが、その事実が認知されるようになったのは、実に平成に入ってからのことなのです。

世界の著名学者からの警告

世界の終りの概念は、これまでは宗教的な憶測の対象に過ぎませんでした。ところが、世界の最先端を行く著名な科学者たちの間でも、「このままでは人類が終わってしまう」という意識が、ますます一般的になってきていると、歴史ある米ニュースサイト「SALON」（2017年5月）が伝えています。

著名な科学者や生物学者たちは、このまま行くと、「今後100年の間に人類が滅亡する危険性は極めて高く、巨大災害や核戦争、科学技術の脅威により、人類はやがて滅びる」と警告しています。このような科学者達の見解は、科学の研究と観察、高度な科学的知見に基づくものであり、大変気になるところであると警鐘を鳴らしたのです。

日本においてもこれまで、専門家の方々によってさまざまな角度から人類の危機に関する知見が述べられています。例えば、爆発的な人口増加による食料危機を論じた『人類は21世紀に滅亡する』（糸川英夫、徳間書店）、エネルギー問題からの警鐘を鳴らした『地球文明の寿命』（松井孝典、PHP研究所）、温暖化の進展により人類の危機を警告した『悪魔のサイクルへ挑む、人類は80年で滅亡する』（西沢潤一、上野勲黄、東洋経済新報社）など、一流の科学者たちがこぞって、このまま行くと、人類はあらあら100年で終わるとの強い警戒感を共有しているのです。

人類の崩壊

2014年3月、アメリカの航空宇宙局NASA出資の調査研究により、「人類の生存について」の注目すべき論文が『学術専門誌Ecological-Economics』に発表されています。それによると、「やがて人類は、資源の消費的欲求の重みに耐えきれなくなり、崩壊する」と結論し、その原因は、「人口、気象、水、食料、資源の枯渇化であり、貧富の二極化がこれを一層加速している」と断定したのでした。

留まるところがない人口過剰、制限のない消費、環境破壊、気候変動のために、現在のホモサピエンスは絶滅すると警告しました。わが国の環境白書においても、今の地球は人類が繁栄する前に比べて、生物種の絶滅スピードが、背景絶滅率よりも100倍から1000倍の速さで進行しており、このままの状態が続くと一万倍の速さになると指摘しています。

すでに、生態系のバランスは大きく崩れ、人類に大きな影響を与えかねない状態にあるのです。背景絶滅率とは通常の状態で生物が子孫を残すことなく絶滅する割合のことをいいます。

人類はこれまでに、結核、マラリア、天然痘、ペスト、インフルエンザ、エイズ、SARSなど多くのパンデミックを克服してきました。しかし、今後はどんな抗生物質も効かない、致死率30%から60%といわれるスーパー耐性菌(注)の存在が脅威になり、人類を危機に陥れる可能性が否定できないといわれています。

(注) 耐性菌は病気の治療に抗生剤を多用するうちに、生き延びるための抵抗力を持った病原菌のことで、複数の抗生剤が効かない菌をスーパー耐性菌という。2050年には癌患者よりも多い最大で毎年1千万人以上の死者(2018年の癌による死亡者数は世界で約960万人)が出るといわれていま

す。日本で開かれた主要国首脳会議（2016年5月伊勢志摩サミット）において、最重要課題として首脳宣言に対策強化が明記されています。

外国の新型コロナウイルス感染者から、スーパー耐性菌の存在が確認されており、世界の医療現場に衝撃が走っています。同時多発的に瞬く間に世間に蔓延し、食い止める術がない疫病と化した新型コロナウイルスに加え、感染力が格段に強いスーパー耐性菌は、人類の生存を左右するほどの危険性が高いと、世界の医療界が強い警鐘を鳴らしているのです。

日本は根の国、世界を救う国

京都議定書からパリ協定、アメリカの離脱

当初は地球温暖化に関する懐疑論や費用対効果を疑問視する意見も多く、その取り組みは遅々として進まず、時間ばかり経過していったのでした。ようやく1992年になり、国際連合会議（地球サミット）で気候変動枠組条約が採択され、世界的規模で温暖化対策が議論されるようになりました。その後1997年のCOP3（気候変動枠組条約締約国会議の3回目）で、温室効果ガスの削減を義務付ける内容を盛り込んだ「京都議定書」が議決されたのでした。

しかし、温暖化をめぐって先進国と発展途上国との対立が鮮明になり、削減義務の不公平感が突出して多くの課題を残していたのです。ようやく2015年COP21のパリ協定において、京都議定書以来、実に18年ぶりに加盟国193ヶ国のすべてが参加する「制度の構築」に関する、多国間の国際的協定が合意され、本格的な取り組みが始まろうとした矢先に、アメリカは2019年11月、「パリ協定」からの離脱を国連に通告したのでした。

これにより、アメリカは世界で唯一、パリ協定に参加しない国となったのでした。気候変動の危機を人類の英知を持って、食い止めようとするパリ協定に対して、「米国に不利益をもたらし、他国の利益となる」として、一方的離脱を宣言したトランプ大統領（当時）の姿勢は、世界のリーダーとして、決してあってはならない天に背く行為でした。もっと世界の覇権国として振舞うべき上品な行動があったはずです。

カーボンニュートラルの宣言

２０２１年1月、アメリカのバイデン新大統領によりパリ協定への復帰がなされました。これにより、２０１８年11月にカーボンニュートラルの宣言を行なったＥＵ、イギリスとともに、アメリカを含めた欧米主要国が、足並みを揃えて２０５０年までのカーボンニュートラルを宣言したことになります。

一方、中国は２０２０年9月に、２０６０年までにカーボンニュートラルを達成すると宣言しました。日本は２０２０年10月26日の第２０３回臨時国会において、「２０５０年までにカーボンニュートラルを目指す」と宣言したのです。韓国も10月28日、日本の動きに歩調を合わせるように、「2050年までにカーボンニュートラルを目指す」と宣言しました。これにより、アジア主要国も、今世紀半ばまでに「温室効果ガスゼロ」という目標で、足並みが揃ったことになります。

ただ、地球温暖化に関する政策は自国の産業構造の問題に直接影響し、政治、経済、外交、軍事のすべての安全保障に直接関わる問題であることから、中国の2060年目標は実に懐疑的であり、欧米諸国や日本、韓国の2050年という同一の目標設定にすることが必要なのです。中国の今の姿勢は結局のところ、欧州諸国やアメリカ、日本の進展度合いを見ながら政策を進めていく戦略的意図を含んでいることに注意しなければなりません。

果たして人類が海の底に潜ってしまうかどうかは、これからの先進国の取り組み如何にかかっているのです。

これまでの終末思想

これまでに多くの終末思想がありました。日本で有名なものとして、ハルマゲドンの「預言」やノストラダムスの「予言」があります。

ハルマゲドンとは新約聖書『ヨハネの黙示録（注）』の中に書かれている、「世界の最後の日に起こる善悪諸勢力の最終決戦によって世界は終わる」と預言した言葉です。

（注）ヨハネの黙示録は「新約聖書」の中の預言書。
「預言」は神の言葉を伝えるもの。「予言」は霊能者などが予測した言葉。

ノストラダムスの予言は1999年に「空から恐怖の大王」が降りてきて人類が滅びるとするものでした。その大王とは、環境問題、核兵器、彗星の衝突、大震災など、さまざまなことがいわれ、世間を大きく騒がしたのでした。カルト集団オウム真理教の麻原彰晃は、これらの終末思想を宗教活動に利用し、優秀な将来あるまじめな青年をだまして、世の中を恐怖に陥れる数々の大事件を起こしました。

松木草垣女史は兼ねがね、「末世になると、世の中を騒がしだます人が出てくるから、決して惑わされないように」と教え、「その人の過去の通り越しをみて、みたまが磨かれた、誠の人かどうかを、しっかりと見定めるのです」と、予言者や霊能者に付和雷同することを厳しく戒めています。

万有引力の法則を発見したアイザック・ニュートン（1642-1727）はイングランド

の自然哲学者であり数学者、物理学者、天文学者、神学者でした。ニュートンは旧約聖書『ダニエル書（注）』と新約聖書の『ヨハネの黙示録』を解読し、「早ければ2060年に世界の終末が来るかもしれないが、それ以前に終わる理由は見いだせない」とする内容を文書に残しています。

（注）ダニエル書は「旧約聖書」の中の預言書。

この文書はヘブライ大学に保管されており、一般公開されました。この言葉は彼の持つ天啓的、神秘的能力から考えて、単なる霊能者とか予言者による超常現象の類ではなく、神の預言を現代の私たちに伝える大いなる警鐘として受け取るべきものです。

根の国日本によって救われる

松木草垣女史は「この国は日出ずる国、自分達、日本人だ、徳の徳だ。日本の国、日出ずる国であって根の国です。根であるからには不思議、不思議が湧く、お前さん達はびっくりするで、日本の国は有り難い国です。だから変になるはずがない。だから根の理を世間の人にわかって欲しい。根であるからにはどう仕様もない。いずれ世界中から驚かれるだろう。そういう時がありますす。日本の国は根の国である。それをよその国は知っているんです」（昭和52年7月23日）と教えました。

根の国とは、天が愛でる最も尊い世界の中心になる国をいいます。「いよいよの時期が来たから、根を国民の一人ひとりに、段々と分らせるようになっているんです。それというのも、もう国がいよいよ危ない。本当に危ないという時期が迫ってきたんです。それでもっと奮い立ったら、今まで知らなかったことが、次から次へと知らされるんです」（昭和52年11月5日）と教えています。

今の時代になってようやく、世界の著名学者や一流研究者、そして世界のリーダーも、地球のただならぬ事態に気付き始め、このまま行くと人類は崩壊するとわかってきました。しかし、米中の覇権争いに見られるように、超大国による自国の覇権しか考えない「根の深い病根」が続く限り、問題は解決することがありません。それをやり替えるべく天は大自然を通して、さまざまな形で世界に大きな「苦の苦」を見せつけています。

結局、根の深い病根を直すのは、「人間本来かくあるべし」とする人類の思いの建て替え以外になく、その見本を示すことができるのは、「根の国日本」に生まれた日本人の使命であると教えました。
人の思いが大きく切り替わる時には、「世の中が一旦シーンと静まり返るんです。仕事をしたくてもできない、外に行くことも遊びに行くこともできない、臥薪嘗胆《がしんしょうたん》の時代が一度来ます。そして、地味な贅沢のできない時代になります」と、何度も教えられました。

現在の世界的コロナ禍の苦しみはこれからの世を暗示するものと知らなければなりません。その時代《とき》を境にして世の中の価値観が、お金から徳の時代に大きく切り替わっていくのです。経済第一の物や金を追い求めた競争の時代から、人々が助け合い、協調しなくては生きることができない時代に切り替わっていくのです。徳の時代とは、麗しい精神性を持ち、誰しも崇めることに異存がないとする「有徳性」をいうのです。それこそが「人間本来かくあるべし」とする根の国日本の役割であり、大義をもって世界に範を垂れる日本に還らなければならないのです。

国を守る覚悟

国を守る誠の日本人

　これから先、米中の覇権争いは一層激しさを増し、武力衝突という取り返しのつかない状況に、追いやられるかもしれません。米中の覇権をかけた争いに、否応なく日本はその最前線に立たされることになるのです。中国との取引は断絶し、経済に深刻な影響を与えることにもなるでしょう。企業の倒産も増え、生活に困窮し、食べることもできず、死にたい、死にたいという人たちが増えてくるとも教わっています。それに輪をかけて大自然の脅威もますます過酷なものになってくることでしょう。

　松木草垣女史は、やがて、行くに行けない、通るに通れない、超すに超せない、大変な時代が来るから、日本人が助かるすべとして、人間の根である「みたま」を、みんなに知らしておきなさいと教えました。それは「みたま」こそが、人間が生きるか死ぬかの絶望の淵に立たされた時、生きる力を与える生命の「根源」だからなのです。「みたま」が働くと、生きる力が「みたま」から湧きあがり、死ぬほど苦しい局面に立たされても救われることを教えました。

みたまは自分を守り、国を守る力

さらに言えば、「みたま」は自分の生命を守るだけでなく、日本の国を守る大きな力を持っているのです。女史は日本人の「みたま」が天皇陛下の「みたま」とひとつに縒り合った「太い絆」が天上に届く時、日本の国の根は「大根《おおね》」となって働き、国難を乗り越えることができると教えています。

私たちの祖先は、実に多くの人たちの「みたま」が働き、国のために尽くされた誠の人が多かったのです。天は、その中から、傑出した偉人を世に送り出し、日本の国を救ってきました。だからこそ、日本の国は敗戦にもめげることなく、天変地異といわれる数々の災害にも怯《ひる》むことなく、見事なる復興を遂げることができました。

国難といわれた元寇、明治維新、過去の戦争をみても、偉人のもと日本人の心が「ひとつ」になって国を守ったからこそ、日本は滅びることなく繁栄ある国を築くことができたのです。

かつて女史から、「外国にいる日本人が日本に逃げ帰ってくる時がある」と教えられたことを思い出し、政治、外交、経済にとどまらず、このままでは想像できないほどの、さまざまな出来事が噴出する感を、ますます強くするのです。現代に生きる私たちは、先達が守り抜いてきた輝かしい凛とした祖国と郷土を、美しいまま次の世代に残すべく、覚悟を持って生きて行かなければならないのです。

おわりに

21世紀に入り早くも20余年の歳月が過ぎました。ソ連の崩壊と米ソ冷戦を終えて迎えた今世紀は、民主主義と自由経済のもとで、戦争や争いのない夢と希望に溢れる時代になるはずでした。その予想に反して、これから先の未来は決して明るいものではなく、暗黒の時代に逆戻りするかのようです。ソ連に代わって社会主義国の覇者となった中国共産党は、世界の覇権を目指して、軍拡と膨張、恫喝を続け、戦狼外交は激しさを増しています。

松木草垣女史は、このような時代が来ることを警告し、日本は、世界の融和を実現する国であると教えました。それは東西の要として、アジアで最も成熟した民主国家である日本の、果たさなければならない使命であるのです。

日本人自身がそのことに目覚めて、世界の平和と安定に努力することにより、世界は日本に必ず味方するはずです。その努力を怠った時、日本は米中の覇権争いの渦中において、潰されてしまうことを知らなければなりません。それは日本の置かれている地政学的リスクが、並大抵のものでないことからも容易に察するところです。その危機感を国民が共有し、世界平和実現のために努力していく、いよいよの時が来たのです。

コロナ禍というパンデミックの危機に見舞われ、米中の関係が風雲急を告げ、台湾や尖閣諸島の有事が想定されるなか、政治、外交、軍事、経済など、あらゆる面にわたる国家安全保障活動は、一瞬たりとも疎かにできません。迫る巨大災害に対する備えも決して怠ることなく、国民の安全と命を守ることが求められます。

これらの活動は容易なことではなく、政界、経済界、学界、教育界、宗教界、多くの団体と日本人が一枚岩となり、国を守る強い決意のもとに行動しなければ、到底達成できるものではありません。この尊い日本を次の世代に残していくこと、それは今に生きる私たちの責任であるのです。

本書を上梓するにあたり、第19代拓殖大学総長、元防衛大臣の森本敏氏によるご推薦を賜りましたこと、誠に感謝の念に堪えません。心より深く御礼を申し上げます。

執筆にあたっては、あたらしい道の皆様からの温かい励ましとご指導、ご協力をいただきましたことに厚く御礼と感謝を申し上げます。

また、日本橋出版の大島拓哉氏には編集と校閲、出版に至るまで多大なご尽力とご支援をいただきました。ここに御礼を申し上げます。

そして出版にあたり、ご協力いただいた多くの皆様に感謝を申し上げます。

２０２1年8月

市野道明

引用文献・参考文献

「天人まつき・そうえん女史伝記」あたらしい道
「根」月刊誌、あたらしい道
「あたらしい道」月刊誌、あたらしい道
「天の素材を調理する」松木天村、あたらしい道
「いま、日本の危機に問う」市野道明、幻冬舎ＭＣ
「国家の品格」藤原正彦、新潮新書
「第四の国難」前野徹、扶桑社文庫
「現代語古事記」竹田恒泰、学研マーケティング
「国土が日本の謎を解く」大石久和、産経新聞出版
「日本水没」河田恵昭、朝日新書
「首都水没」土屋信行、文藝春秋
「２０４０年の未来予測」成毛 眞、日経ＢＰ

「立正安国論」池田大作、創価学会教学部、聖教新聞社
「日蓮の立正安国論」正木晃、春秋社
「大嘗祭に見る日本の道」伊藤誠治、新人物往来社
「東方見聞録」マルコ・ポーロ、青木富太郎（訳）、社会思想社
「殺戮の世界史・人類が犯した100の大罪」マシュー・ホワイト、住友進（訳）、早川書房
「共産主義黒書、ソ連編」ステファヌ・クルトワ、ニコラ・ヴェルト、外川継男（訳）、恵雅堂出版
「毛沢東の大飢饉、史上最も非残で破壊的な人災」フランク・ディケーター、中川治子（訳）、草思社
「マオ誰も知らなかった毛沢東」ユン・チアン、ジョン・ハリデイ、土屋京子（訳）、講談社
「侵略に気づいていない日本人」ペマ・ギャルポ、ハート出版
「内臓とこころ」三木成夫、河出文庫
「日本人として知っておきたい皇室のこと」中西輝政、PHP研究所
「NHK日本の戦後取材記（上）日本分割」玉井勇夫、学習研究社
「マッカーサー大戦回顧録」ダグラス・マッカーサー、津島一夫（訳）、中公文庫

「敢えて言う」田中美和太郎、中央公論社
「君主論（新刊）」マキアヴェリ、池田康（訳）
「特集新宗教」週刊ダイヤモンド２００９年9月12日号
「信者数上位１５０位の宗教法人一覧表」田上寛、西野神社社務日誌、２００９年12月2日
「日本人の宗教的意識や行動はどう変わったか」ＮＨＫ放送文化研究所小林利行、放送研究と調査、２０１９年４月
「教科書が教えない歴史」藤岡信勝、産経新聞社
「日本人が忘れてしまった日本文明の真価」清水馨八郎、祥伝社
「人類は21世紀に滅亡する」糸川英夫、徳間書店
「地球文明の寿命」松井孝典、ＰＨＰ研究所
「悪魔のサイクルへ挑む、人類は80年で滅亡する」西沢潤一、上野勲黄、東洋経済新報社
「人類の生存について」NASA、Ecological-Economics、２０１４年3月

▶著者プロフィール

市野道明（いちのみちあき）

１９４６年（昭和21年）静岡県生れ。１９７１年 日本大学大学院理工学研究科修士課程修了。工学博士（早稲田大学）。技術士（総合技術監理）。技術士（土質及び基礎）。技術士（建設環境）。技術士（下水道）。大手ゼネコン、総合建設コンサルタントにて要職を歴任。秋田大学大学院講師、東北学院大学講師。現在、東邦技術株式会社特別顧問、株式会社エンジニアプランニング顧問、ジャパンテクノリサーチ技術士事務所代表、株式会社アイル相談役。著書『いま、日本の危機に問う』（幻冬舎 MC)、『建設マネジメント（総合技術監理へのアプローチ)』（鹿島出版会)、『建設マネジメント（経営のわかる技術者を目指して)』（鹿島出版会）などの他、工学関係論文多数。１９７１年からあたらしい道に繋がり現在に至る。

日本人の根源を問う

2021年10月25日　第1刷発行
2023年2月1日　第2刷発行

著　者 ―― 市野道明
発　行 ―― 日本橋出版
〒103-0023　東京都中央区日本橋本町2-3-15
https://nihonbashi-pub.co.jp/
電話／03-6273-2638
発　売 ―― 星雲社（共同出版社・流通責任出版社）
〒112-0005　東京都文京区水道1-3-30
電話／03-3868-3275
校　正 ―― 日本橋出版
印刷・製本 ― モリモト印刷

ISBN 978-4-434-29532-4